# みちこさん英語をやりなおす

am・is・areでつまずいたあなたへ

益田ミリ

ミシマ社

目次

みちこさん英語をやりなおす　am・is・areでつまずいたあなたへ

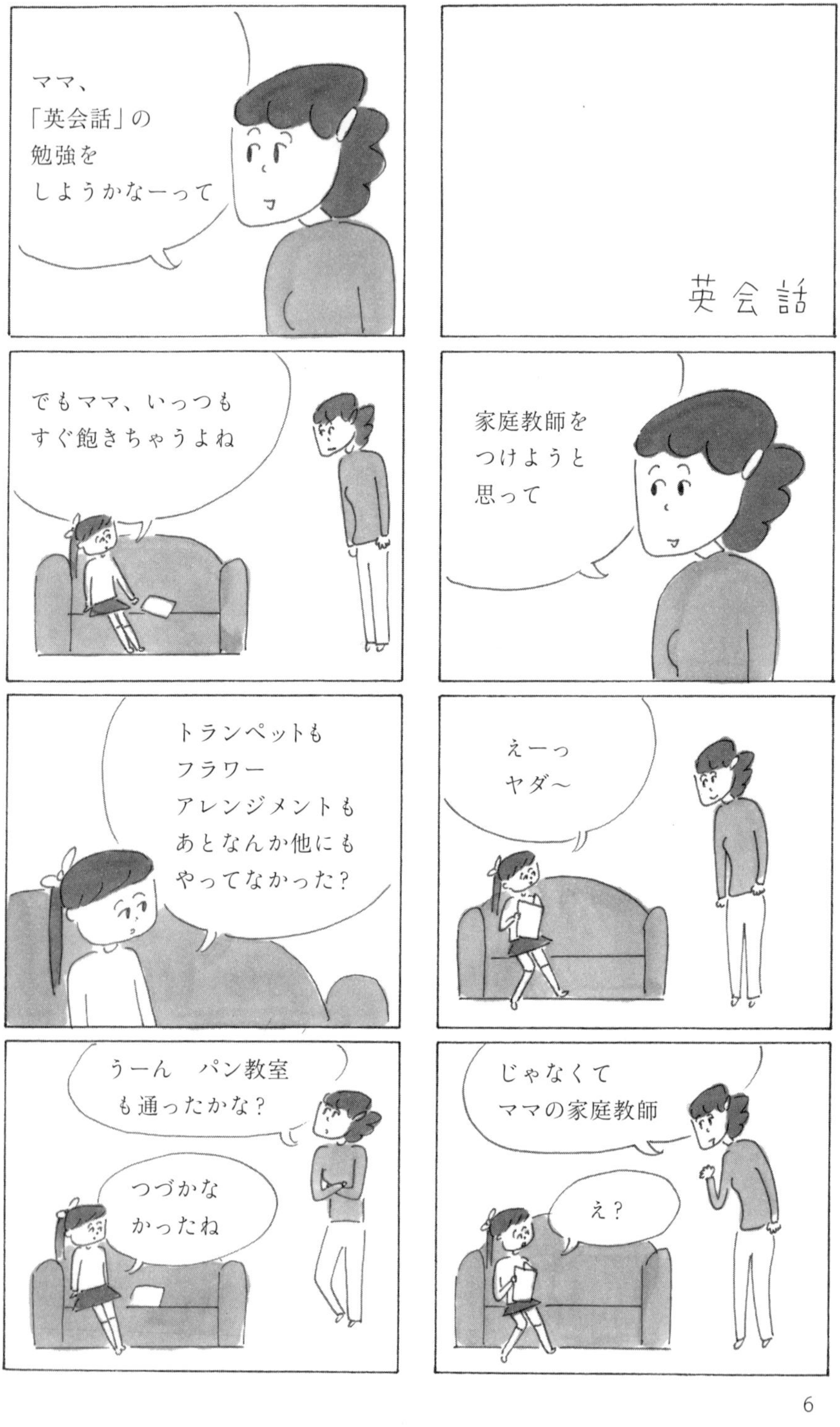
英会話
ママ、
「英会話」の
勉強を
しようかなーって
でもママ、いっつも
すぐ飽きちゃうよね
トランペットも
フラワー
アレンジメントも
あとなんか他にも
やってなかった？
うーん　パン教室
も通ったかな？
つづかな
かったね
家庭教師を
つけようと
思って
えーっ
ヤダ〜
じゃなくて
ママの家庭教師
え？

でもね、今度は
ちょっと違うの
目標もあるし
優子伯母《おば》さんと
いつかニューヨーク
旅行?
うん!!
せっかくだもん
地元の人とも話したい
じゃない?
もう家庭教師も
おねがい
しちゃった!!
友達の弟でね、
英語好きの編集者
ふーん
その人カッコいい?
さあー
会ったことないし
でもイケメンな
予感がする♡
明日から来るヨ
へー

家庭教師
ピンポーン
来た!!!
キャッ
あ、こんばんは
ぬっ
はじめまして
島田デス
青山みち子です
お姉さんには
いつもおせわに
なってます
こちらこそ
娘の
まさみです
先生イケメン
だね!
……

じゃ先生こちらに！
リビングのテーブル
ですけど
まさみも一緒に
どう？
やんない……
先生、これから
どうぞよろしく
おねがいします
こちら
こそ
自分で言うのも
なんですけど、わたし
ホントに英語ダメ
なんです
いえ編集者としては、
むしろそのほうが
いいんです
「英会話」の本を
つくるのに、
いろいろヒントに
させてください!!
持ちつ持たれつ、
ですね？
ハイッ

じゃあまずは、
自己紹介を英語で
してみてください
えっ
えーっと
My name is Michiko.
年齢は秘密です♡
ボクの姉の同級生
ですよね？
バレてるか
I am forty《フォーティー》 year《イヤー》 old.
はは
ちょっと違いますネ
やだ、40歳ですヨ
ごまかして
ないです～
じゃなくて、
複数だから「year」に
sが付きますよね？
I am forty years old.
が正解ですね
えっ
複数には「s」が
付くんだっけ??
何が複数なの？
でも大丈夫
です

chocolateは数えられない名詞だから「a」は付けなかったんですよね?
I like a chocolate. ってしがちなところですが
よくわからず言ったんだけど
っていうか、名詞の前には「a」がいるんでしたっけ?
よくわかんないケド
「a」が付くときもあるし、なにも付かないときもあるし、「the」のときもあるし、いろいろです
ちょっとくらい間違えてたって英会話は通じていればいいんです!
あ、ハイ
じゃあ次は何か好きなものは?
I like《ライク》 chocolate《チョコレート》.
でいいのかな
正解
ヤッター

また必要なときに
説明しますね、そんなに
難しくないです
簡単ですよ
ハイ
何度も言いますが、
ちょっとくらい
間違っていても
通じればOKです!!
じゃ、どんどん進めて
いきましょう！
ハイ
じゃ
また来週
ありがとう
ございました
勉強、
たのしかった？
さー、どうかな
ふーん

よくわかってないのに
わかってる
フリしちゃう
とことか
なんでだろ？
さ〜
見栄っぱり
なんじゃない？
なのかな？
うーん
ふぅ
なんかね、
学生時代の自分の
こととか思い出し
ちゃった
今日から
家庭教師だっけ？
うん

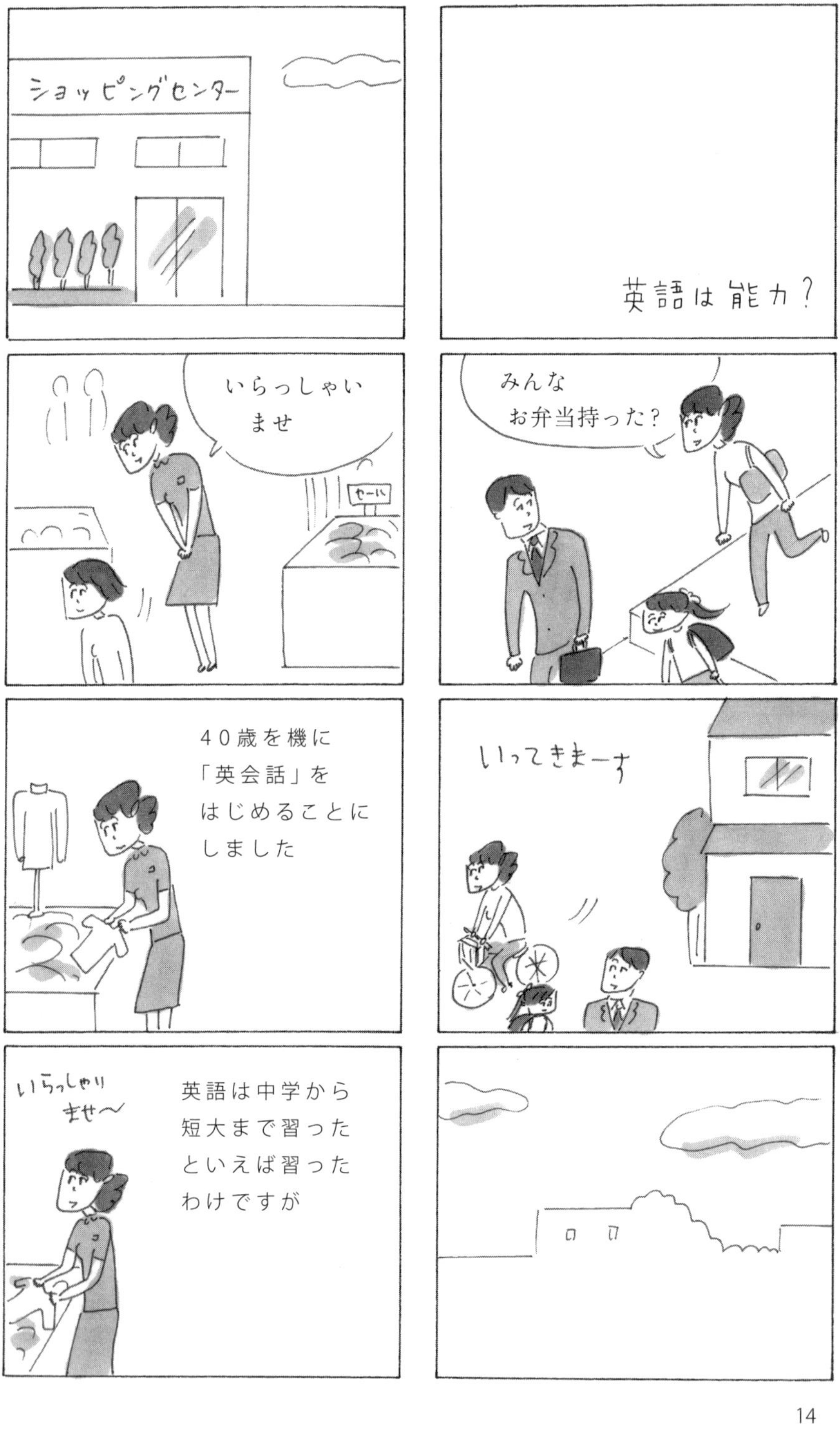
英語は能力?
みんな
お弁当持った?
いってきまーす
ショッピングセンター
いらっしゃい
ませ
セール
40歳を機に
「英会話」を
はじめることに
しました
いらっしゃり
ませ～
英語は中学から
短大まで習った
といえば習った
わけですが

こんなあやふやなまま
また勉強するとしたら
これまでと同じように
身にならない
英語って
びっくりする
くらいわかって
いない
って、わかってる
んだけど
なんか、先生に
言い出しにくい
というか……
けど
まったくわから
ないってわけで
はなくて
のみこみが悪いと
思われたくないと
いうか……
雰囲気で
わかってることも
たくさんある
うん
うん
フッ
見栄っぱり
なのか?
ま、要するに
あやふやな
まんまなんだ
けど

ショッピングセンター
休ケイ室
お腹《なか》へった～
今日お客さん
多かったね～
やっと
休ケイ
で、どうなの？
英会話のお勉強は、
先生、イケメン？
ふふ
ふつう
ふつうって
あえていいよね
けど、あたし、
ホント英語って
ぜんぜんわかってない
ってかんじ
もぐ
もぐ
あたしも同じよ～何回か
英会話教室も行ったこと
あったけど、ちっとも
あたしもある
20代の
ころ
自己紹介とかやって
道をたずねるとこくらい
までで挫折するんだよね……
はー
あ――ん、わかるぅ～
上のクラスに上がって
いく人たちとの差って
なんなんだろ

でも
もぐ
やっぱり持って生まれた能力の問題じゃない？
かな～
英語って「ことば」だよね？
でもまあ海外旅行って言ったってガイドさんもいるし、英語も使わないで済むし
英語圏の人々は子供のころからしゃべってるわけで、数学とか科学の能力とはまた違う気も……
単語とジェスチャーでなんとかなるもんね
まあね
どした？
別に
ハハ
持って生まれた能力か～
もぐ

「英会話」せっかく
習ってるし
少しは復習しなくちゃ
先生にも失礼だし
「英語」の勉強
パパ、お風呂から
あがったら、そう
言っといてね～
うん
最初はいつも
張り切ってるん
だよな～、ママ
ママ～
テレビはじまるよ～
ファミレス
あれ？お出かけ？
ちょっと
ファミレスで
勉強してくる

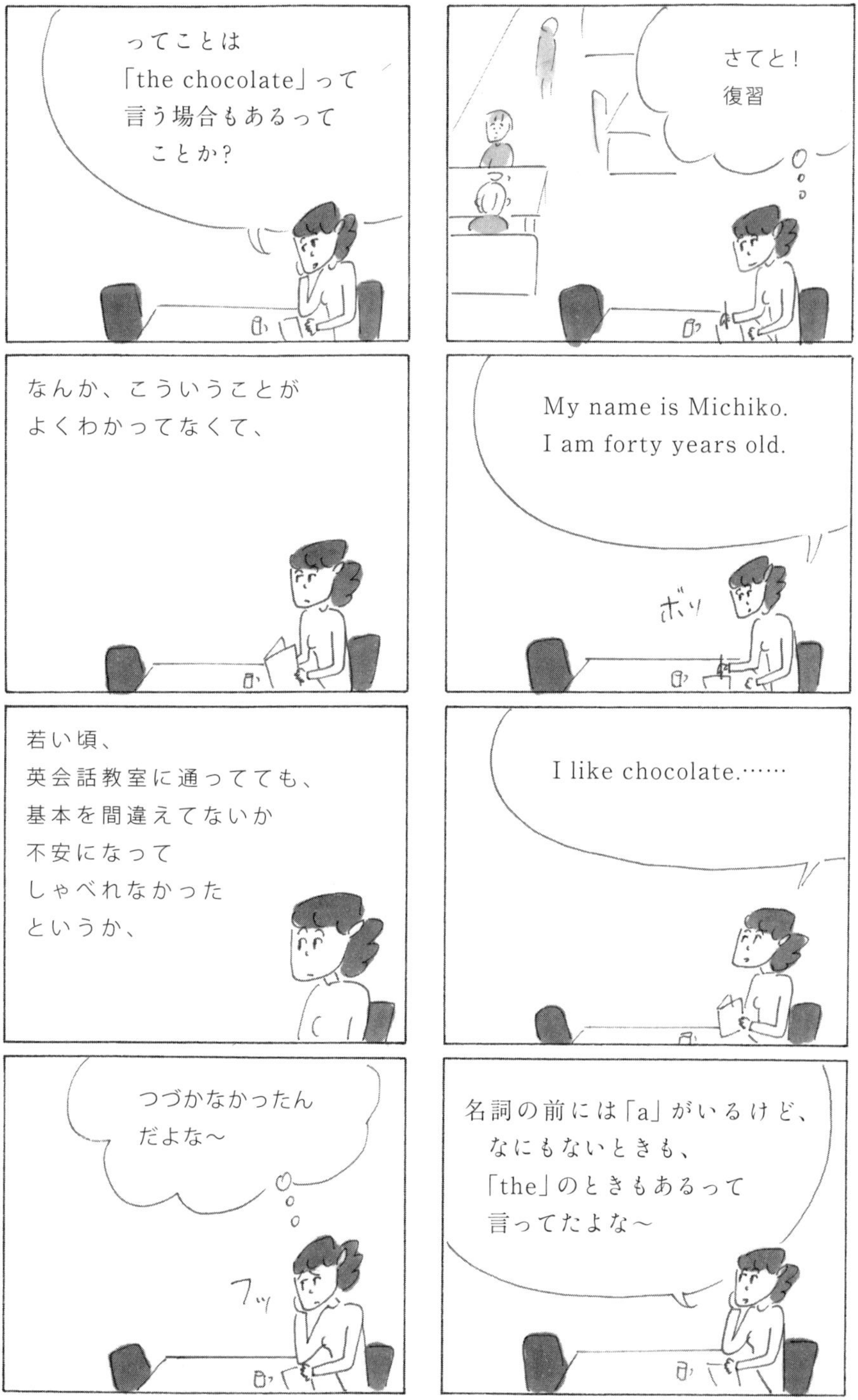
さてと！
復習
My name is Michiko.
I am forty years old.
I like chocolate.……
名詞の前には「a」がいるけど、
なにもないときも、
「the」のときもあるって
言ってたよな～
ってことは
「the chocolate」って
言う場合もあるって
ことか？
なんか、こういうことが
よくわかってなくて、
若い頃、
英会話教室に通ってても、
基本を間違えてないか
不安になって
しゃべれなかった
というか、
つづかなかったんだよな～
フッ

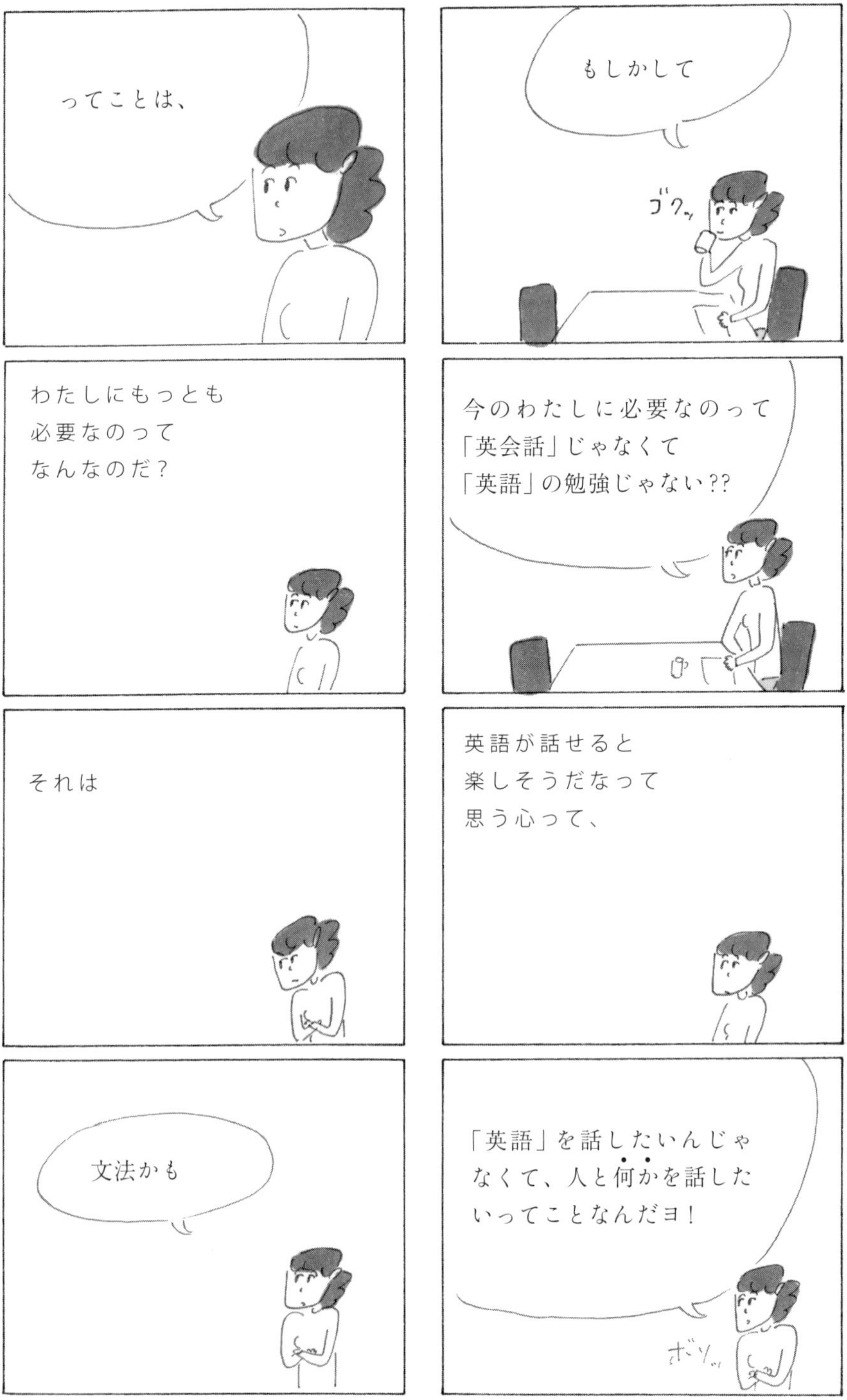
ってことは、
わたしにもっとも
必要なのって
なんなのだ?
それは
文法かも
もしかして
ゴクッ
今のわたしに必要なのって
「英会話」じゃなくて
「英語」の勉強じゃない??
英語が話せると
楽しそうだなって
思う心って、
「英語」を話したいんじゃ
なくて、人と何かを話した
いってことなんだヨ!
ボソッ

新学期になると、
いつも今度こそは
授業についていくぞって
思ったのだけれど、
ひとつわからない
ところが出てくると、
もう、先に進めなくなった
自分の英語は
間違っていない、
って思えたら
発音が悪くたって、
話すの、はずかしくない
気がする
うんうん
ずっと
勉強が
できなかった

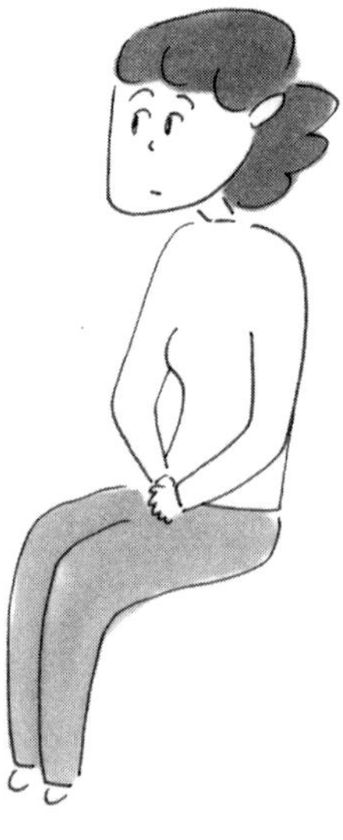

「学べない人間」というのは、
決して「わかろうとしない」
人間なのではありません。

むしろ、何とかして
「わかろう」とするのですが、
どこかに「ひっかかり」が
できてしまい、そのために
「わかろうとしない」
ふりをしてしまうことに
なったのです。

『「わかる」ということの意味』
佐伯胖
岩波書店

待て、みち子!!
こんばんは
先生、よろしく おねがいします
こちらこそ
じゃあ今日は 道をたずねる会話を やってみましょうか
先生、それもっと あとでいいです
はい?
わたし、「英会話」 じゃなくて、「英語」の 勉強を教えて もらいたいんです!
英語って どういうものなのか そういうことから!

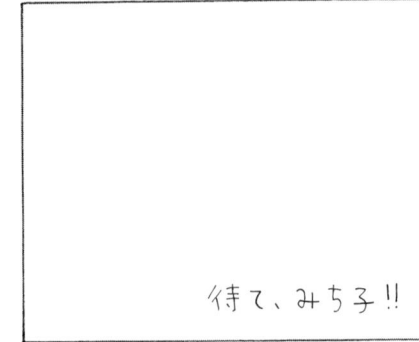

学生時代、
気おくれして聞けなくて
そのままにしていた
こととかも
学び直したいんです
わたし、
わかりたいんです
きちんと自分で英語を
わかりたいんです
って、ダメですかね
こういうのじゃ……
ハハ
いえ、わかりました
本
やってみましょう!
ボクも「英語ってどう
いうものだろう?」
って、改めて考える
いい機会かもしれない
わからないと思ったら
しつこく質問して
いいですか?
もちろん
ホントに
しつこいかも
大丈夫
です
英語初心者向けの
本の参考になります
よろしくおねがい
します
ペコリ

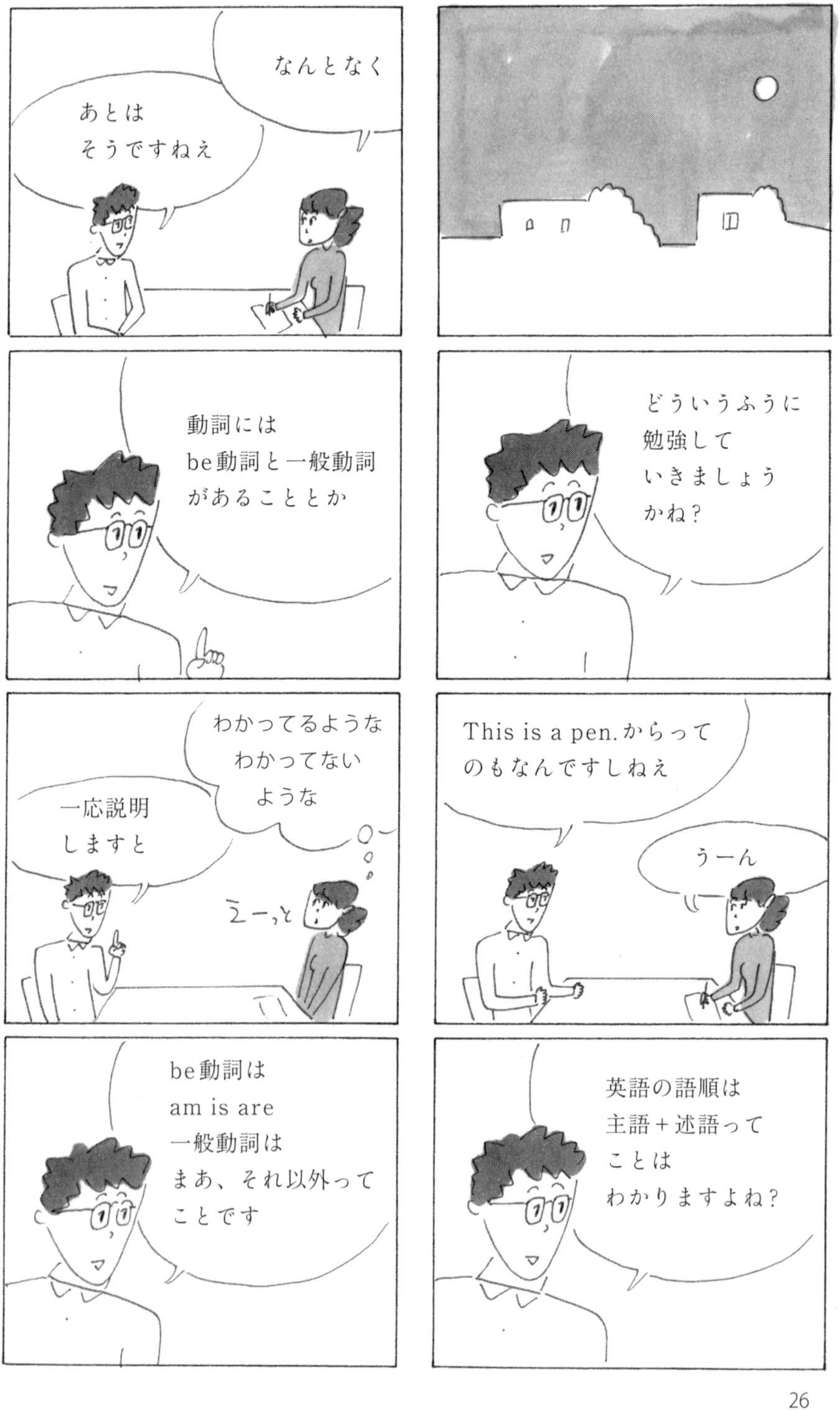
なんとなく
あとは
そうですねえ
動詞には
be動詞と一般動詞
があることとか
どういうふうに
勉強して
いきましょう
かね？
一応説明
しますと
わかってるような
わかってない
ような
えーっと
This is a pen.からって
のもなんですしねえ
うーん
be動詞は
am is are
一般動詞は
まあ、それ以外って
ことです
英語の語順は
主語＋述語って
ことは
わかりますよね？

このへんは簡単だから大丈夫ですね？
ハイ……
いやいやいや、待て、みち子!! ひとつひとつわかって進まないと結局同じだよ
先生
ハイ？
簡単かどうかは先生じゃなくてわたしが決めることだと思います
ハッ
だから、勉強中に「簡単でしょう？」って言うのナシにしてください
あ，
質問しづらくなっちゃうし♡
あ、そうですね、気づきませんでした
エへッ
なにか質問あったらどんどん言ってください
じゃあ、先生、さっきのとこ、やっぱりよくわかってない
あ，
どのへんですか？

英語が主語＋述語でできているってところ、かな？
ラーん
「主語」と「述語」ってどういうものですか？
そこから!?
え、
えーっと「主語」っていうのは名詞なんです たとえば、「わたし」とか「あなた」とか
えっ!!
えっ!!
名詞って「自転車」とか「犬」とか「ポスト」とかそういうものだと思ってた……
もちろん、そういう物体も名詞だけど、それだけじゃないんです
「彼ら」とか「生徒」とか「父」「母」とか、こういうのも名詞ですよ
物だけって気がしてた
ふーん ふーん
違いますヨ

「空」とか「星」とか
「水」とか「日本」とか
「アメリカ」とか
そういうものも
名詞ですか？
そうです
そういう広い範囲の
ものも名詞です
「Japan is beautiful.」
（日本は美しい）
主語は？
「日本」
正解！
主語は名詞だから
「日本」も名詞
簡単でしょう？
で、「述語」って
いうのはですね
あっ「簡単でしょう？」
ってナシだった、
すいません！
質問ありますか？
先生!!
ハイ
わたし、もっと名詞を
わかりたいです
えっ

簡単でしょう?
で、述語なんですが
なるほど
ふむふむ
あ、またボク
「簡単でしょう?」
って言ってますね
すいません
じゃ質問!!
まだ
あるんだ〜
ひょっとしたら
「今日」とか「昨日」とか
ってのも名詞?
そうです、あと、
「過去」とか「未来」
って単語も名詞ですよ
主語といえば
「わたし」とか
「あなた」で、
名詞って、
〝物〟だと、すっかり
信じてました
なんか、日本語も
不安になってきました
大丈夫
ですよ
しゅん
主語って、だいたい
わかりましたかね?
あとは述語ですね
ハイ

「述語」っていうのは
主語がどういう
ことになっているのか
説明する部分なんです
「走る」とか
「食べる」とか
「眠る」とか「丸い」とか
なるほど
「強い」とか「きれい」とか
「赤い」とか「笑う」とか?
そーそー
「勉強する」とか
「ウソをつく」とか?
「お腹が痛い」とか?
そーそー
「やせる」とか
「きれいになる」
とかも?
「カゼをひく」も
述語ですね?
そうです
なるほど
大丈夫そうですか?
あとは〜
まだあるのか?

述語が主語に
命をふきこむん
ですね！
「恋に落ちる」も
述語ってことですね〜
まあ……
うっとり
ハッ
主語って、
ひとりじゃなんにも
できないんです
うん、そうだ、
そうですね!!
「わたし」も「猫」も
「月」も、ただ言葉として
そこにあるだけ
うん
うん
述語が合体することに
よって
「わたしは走る」
「猫はあくびをする」
って主語が動き出す

相手のためじゃ
なくて
自己満足なの
かもなあ
人に何かを
教えるって
教える側の
何かを
試されてる
ってことなの
かもしれない
何かって
なんだろ
人格、
とか?
うーん、こりゃ
そーとー
時間かかるな
「簡単かどうかは
先生じゃなくて
わたしが決める
こと」か〜
言われてみれば
ホント、
そうだよな
「簡単でしょ?」
って教える側が
言うのって、

社内にて ①
○○出版
おはよー ございまーす
おはよ～
どうなんですか、「英会話」の本づくりのためのモニターの女性は
あー
ふり出しにもどって、基礎からやることになった
そうですか
「be動詞」からってことですか?
まだその前の段階っていうか……
へー
英語につまずいてる人には、もしかしたらパターンがあるのかも

そうなんですか？
うん
パターン？
まだ、わかんないけど
がんばってください！
ありがとう
とにかく、これからってかんじかなすごい時間かかりそう……
話のつづきするけど近々、飲みに行かない？
ムリでーす
でも、
〇〇出版
勉強って教える側にも、ときどきハッとする気づきがあるっていうか

語順とロールケーキ
こんばんは
先生、今日もよろしくおねがいします
こちらこそ
先週は、主語と述語がどんなものかを勉強しましたよね
ハイ
今日は、英語の語順について勉強しましょうか
英語って、な〜んか順番がヘンですよね？
うーん
日本語として考えるとそうなるけど、ちょっと順番通りに見てみましょうか

「I like chocolate.」
これをこの順番のまま
訳してみてください
「わたし　好き
チョコレート」
そうですね
こんなおかしな順番にせず
「I chocolate like.」
ってすればいいのに
ってずっと
思ってました
どうしてこういう
配列なんだろ
うーん
英語はとにかく、
何がどんなことを
するか真っ先に
伝えようと
してるんです
「I have chocolate.」
わたし、食べる、
チョコレート
真っ先に伝えてるのは？
わたし
食べる
「I buy chocolate.」
わたし、買う、チョコレート
わたし　買う
そんなにあわてなくても
いいのにねえ……
まったく

結論を急ぐ理由があるんですか？
うーん
えーっと
急いでいるというより、「英語」はそのほうが親切だと考えているんじゃないですかね？
何が重要なのか、
重要なことから先に伝えたいというか
重要の最終形が違うんじゃないですか？
じゃあ、逆になんで日本語は重要なことから伝えないんでしょう？
うーん
日本語は、文章がまんべんなく重要という考えなのかもしれません

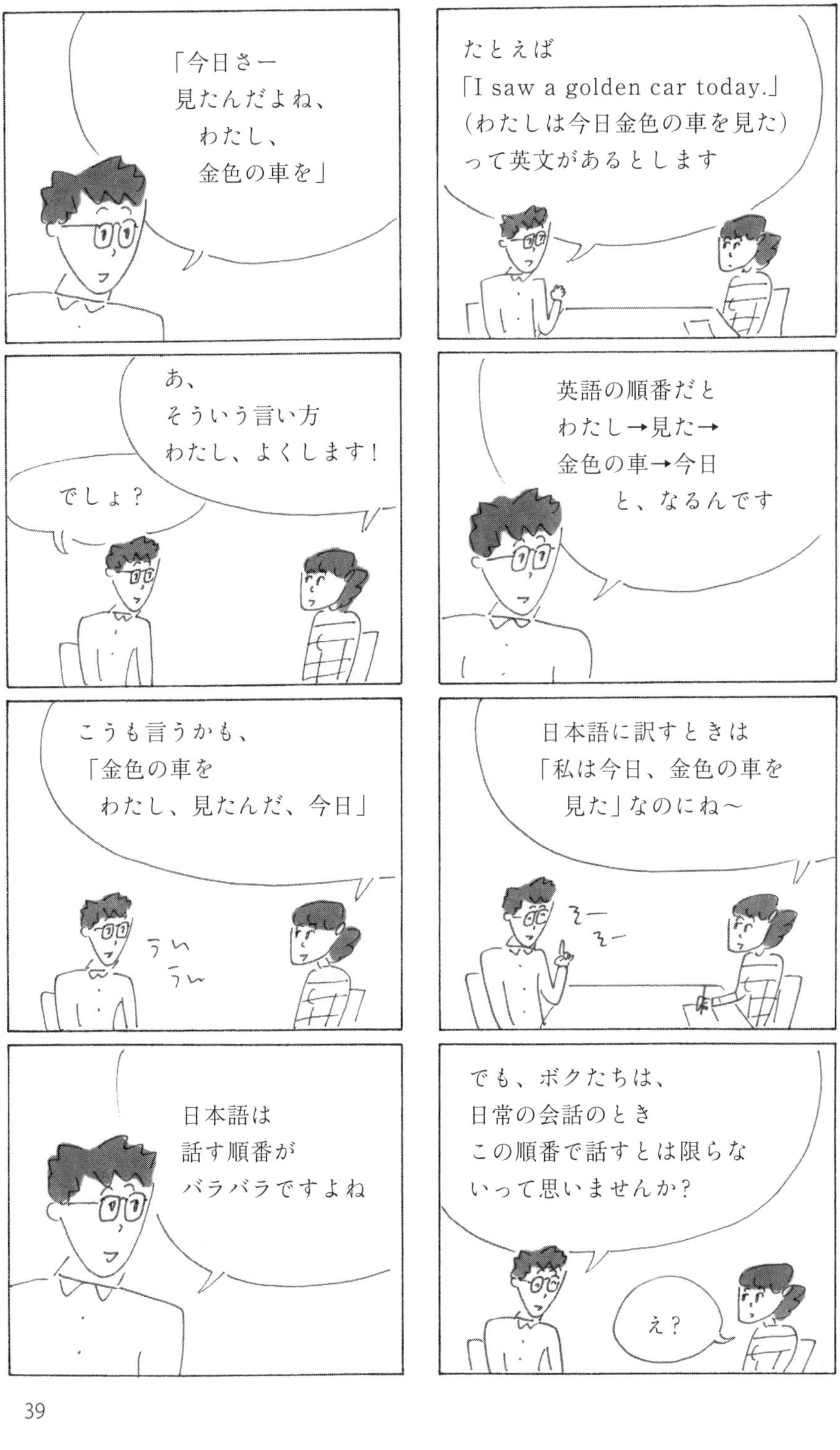
たとえば
「I saw a golden car today.」
(わたしは今日金色の車を見た)
って英文があるとします
英語の順番だと
わたし→見た→
金色の車→今日
と、なるんです
日本語に訳すときは
「私は今日、金色の車を
見た」なのにね〜
でも、ボクたちは、
日常の会話のとき
この順番で話すとは限らな
いって思いませんか?
え?
「今日さー
見たんだよね、
わたし、
金色の車を」
あ、
そういう言い方
わたし、よくします!
でしょ?
こうも言うかも、
「金色の車を
わたし、見たんだ、今日」
日本語は
話す順番が
バラバラですよね

って考えると、英語ってきゅうくつですよね、決められてて！
「何がどうした」って真っ先に説明しなくちゃいけないんだもん
はは
たしかに、英語はそういう言語ではあると思います
最後まで話を聞かなくても出だしでわかることも多いから、
たとえば、子供がお母さんに「チョコレートを食べていい？」って聞くとしますよね
「Can I eat chocolate？」って英文になるんですけど、
「Can I」って（〜してもいい？）って意味だから、ごはんの前とかだと
「Can I eat……」って出だしだけで「No！」とか言われる子供もいるはずです

こんなふうにふたつのロールケーキがあるんです
日本語
英語
英語のロールケーキは内側から外にむかって巻いてあって
英語
中央に大事な生クリームが多めに入っている
クリーム
英語
最初の段階で、伝えたいことがある程度わかるから中央にたっぷりクリーム!!
そーそー「チョコレート」まで言わせてもらえないんですね？
食べる行為をダメって言われる
日本語だとわたしはチョコレートを「食べる」なのか「買ってほしい」なのか
最後まで話さないとわからないこともあるから、一応聞きますもんね〜
そうなんです！
あっ！こう考えてみたらどうですか？
えっと

今、むしょーにロールケーキが食べたいです……
ハハハ
でもロールケーキのたとえって、なんか腑《ふ》に落ちました
「わたしは明日公園に行きます」の英語風のロールケーキだと
わたしは行く
あした
こうえんに
反対に日本のロールケーキは外側から巻いてあって
日本語
大事な生クリームの量もまんべんなく入っている
どの単語からスタートしても最終的には文になる
そーそー
お腹に入れば同じだけど、味わい方が違うんですね
そう、どっちもうまいんですけど

日本語風のロールケーキだと
わたしはあした こうえんに行きます
って、
ことですよね～
そーそー
ん？
ってこれ、
オレがさっき説明
したのと
かぶってるよな
わかって
うれしい!!
キャッ
もしかしたら、
英語の勉強に
つまずいてきた人って
わかり足りてないまま
授業が進んで、
つまらなくなったのかも？
先生、「わかる」って
なんかうれしいです
小さなことでも
ハイ

ブロックを
つみあげていく
みたいですね～
ちなみに、日本語が
こうやって自由に単語を
入れかえられるのは
「助詞」のおかげなんです
助詞？
ざっくり言えば、
日本語って順番を選べる
言語ってことですよ
ははは
～が、～は、～を、～に、
～の、～で、とか、
こういうのを助詞
って言うんですけど
選べるっていうか、
英語にはこれが
ないんです
あれ？
そうなんだ
わたしには、
失敗できる言語って
気がしました
そのかわりに、
単語の語順で文が
できていく

おかしいですか？
いえ！
失敗？
ハイ
おもしろい
言いまわしですね、
うん
ふふ
言おうと思ってることを
うまく伝える自信が
なくても、
たしかに英語はある程度、
言いたいことを
決めてスタートする
ところはあります
とりあえず、何か単語を
口にしてみれば、
なんとかなっていく言語
わたしは、
何も考えずにしゃべり
出しちゃってます
ハッ

そもそも僕らは、言い直すことを
前提に発話を作り上げて
いるんですよ。
それが当たり前のはずなのに、
最初からきれいな構造のものを
つくり出すようなトレーニングを強制されている。
ちょっと間違えると叱られるから、
頭の中で一生懸命考えて、
プロットをつくってから
しゃべり出すようなトレーニングです。
でも、そうなったら誰でもしゃべれないですよね。

「やり直しすることが前提で
言葉は作り出されている」という閃《ひらめ》きがあると、
いろいろな意味で楽だと思うんですよ。
コミュニケーションにしても
英語学習にしても

『弱いロボット』
岡田美智男
医学書院

自分たちが自然にしゃべってる言葉にも、いろんなしかけがあることに気づきますよね
さっきみち子さんが、「日本語は失敗できる言語」って言ったのもしかけに気づいたからですもんね
はい
ぼくも昔、そういう風に日本語を再発見したことあるんですよ
そうなんですか?
「日本語って、どういう空気の中で話を聞いてほしいかを選べる言語」って思ったんです
え?
ね、先生、
今日、はじめて思ったんですけど、日本語っておもしろいですね
え??
おもしろいって「変」って意味じゃなくて　えっと、なんていうか
言語としての魅力というか
わかります

たとえば、さっき出てきた「今日わたしは金色の車を見た」って例文ありますよね
「今日わたしは、金色の車を見た」
この場合、ぼくはみち子さんに、「今日」という空気の中で話を聞いてほしいんだと思うんです
今日？
今日のこと、すなわち、ついさっきのことをこれから話しますよ〜 って
だからみち子さんにも「今日の空気」の中でボクの話を聞いてほしいというメッセージがこめられている
なるほど
じゃあ「金色の車を、今日わたしは見た」だと……
とにかく、真っ先に金色の車を頭に浮かべて聞いてほしい空気です！
ピカ
ピカ
アハハ
わたしたちって、そういう空気の中で、毎日過ごしていたんですねえ
おもしろいですね

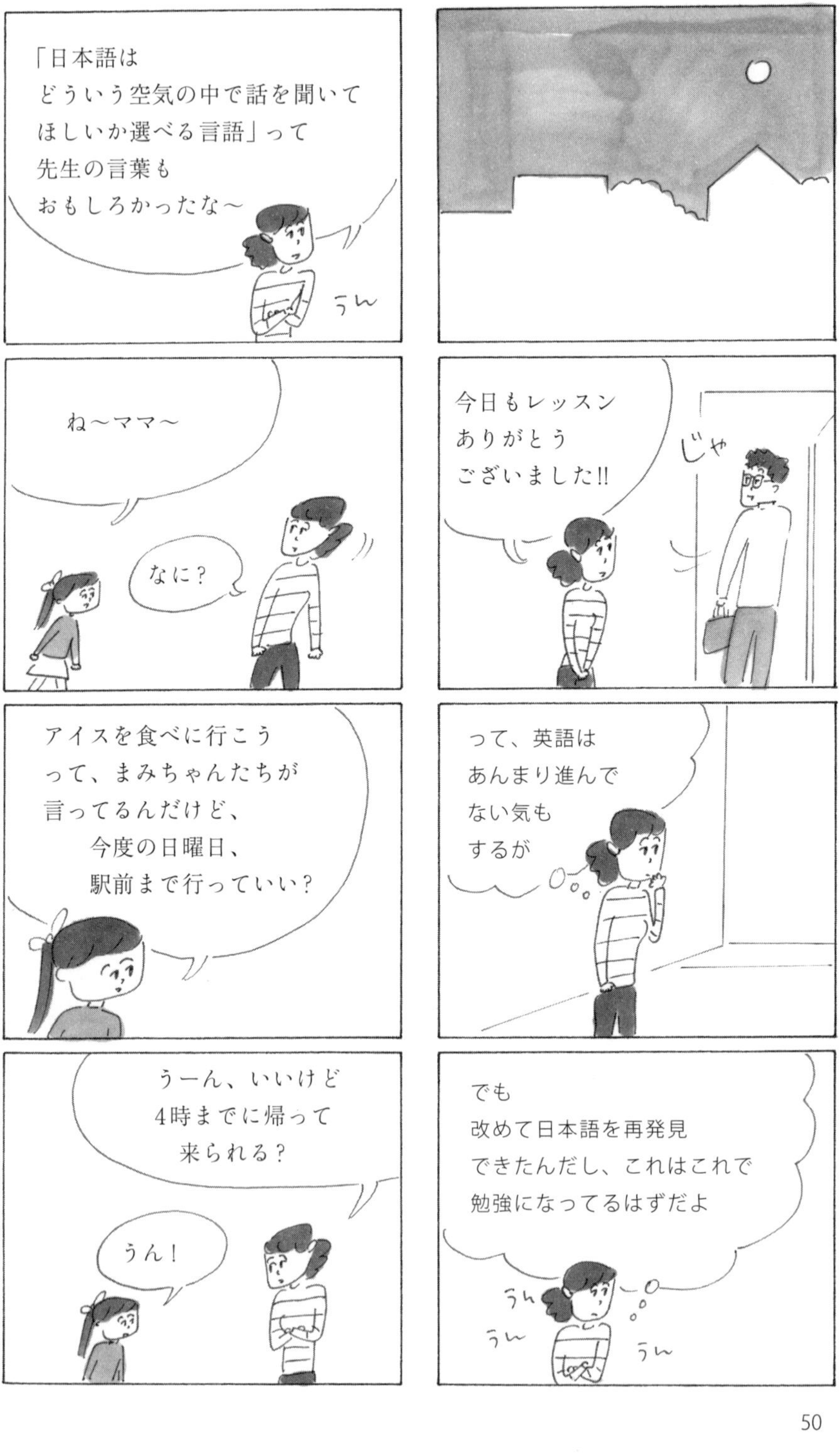
「日本語は
どういう空気の中で話を聞いて
ほしいか選べる言語」って
先生の言葉も
おもしろかったな〜
うん
ね〜ママ〜
なに？
アイスを食べに行こう
って、まみちゃんたちが
言ってるんだけど、
今度の日曜日、
駅前まで行っていい？
うーん、いいけど
4時までに帰って
来られる？
うん！
今日もレッスン
ありがとう
ございました!!
じゃ
って、英語は
あんまり進んで
ない気も
するが
でも
改めて日本語を再発見
できたんだし、これはこれで
勉強になってるはずだよ
うん
うん
うん

やった〜
「アイス」を先に言うのがいい空気と判断しての文体なのか?
駅前までってキーワードはあえて最後にもってきたな〜
やるな
ムム
なんか日本語が新鮮!!
ただいま〜
おかえりー
杉本がさ〜たまには一杯って言うから、中目黒で飲んできた
「杉本がさ〜」を先頭にしたい空気なんでしょ〜
ん?
クックッ

a と the
ショッピングセンター
ありがとう
ございました
あのう、石けんが
欲しいんですけど、
右手、奥に
なります！
ハイッ
どーも
「わたしは石けんが欲しい」
主語は「わたし」で
述語は「欲しい」だよね？
ふふ
「欲しい」は
「want」だから
I want soap.
でいいんだっけ？

ひとつだけハッキリ
してるのはさ、
「the」のほうが
カッコイイって
ことだよね
たしかに!!
漫才だって
the が付くとカッコイイ
「The MANZAI」って
ホント
カッコよくしたいときは
「a」じゃなくて
「the」だったりして?
それいいねえ
ハハハ
ん?まてまて　みち子!
soapの前に「a」とか
「the」とかがいるのでは??
そうだった
このへんがよくわかんない
まんまだったんだよな〜
はーっ
ショッピングセンター
休ケイ室
わかるわ〜
a と the って
意味不明!!
でしょ〜
もぐ
もぐ

残念ながら違います
でもaとtheが苦手な人って多いと思います
ですよね〜
で、なんなんですか? aとtheって
ひとことでは説明しづらいけど、名詞の前に付くってことは言えます
名詞ってどんなものか覚えてますか?
「自転車」とか「犬」とか「ポスト」とか
「わたし」「あなた」「空」「水」「日本」「アメリカ」「今日」「昨日」とか
いろいろ幅広いんですよね、名詞って
そうです、そうです

なんとなくのイメージで言ってますけど
はい
はい
今、あげてもらった名詞の中には、「a」と「the」が付かないものもあります
イメージついでに、じゃあ、「a」と「the」が必要と思うのは？
うーん、そうだなあ
どれだと思います？
うーん
自転車とか犬とかポストとかは付いててもOKな気がします
Iとかyouに付いてるのはなんかヘンな気がします「a I」「the you」とか
そうですね、他には？
「a bicycle」とか「the dog」ポストってなんだろ？
「a post box」ですね
「今日」とか「昨日」も付いてない気がします「a today」「the yesterday」
うーん

「これは」って言ってるってことは、もう見たら1本ってわかるじゃないですか
ですね
これ
でもこれもイメージです よくわからずそういう ものなのかな〜って
なるほど
ウン ウン
なのに「a」を付けて念押ししてるっておかしくないですか?
学校でａは(ひとつ) theは(その)って習った気がするんですけど……
みち子さん、すごくいい質問ですね!!
わたしは「a」のほうが不思議でした。 なんでわざわざ付けるんだろうって
ウン ウン
そう、ですか?
ハイ!!
エヘッ
「This is a pen.」は(これはペンです)って訳すでしょ?

そうなんです！
は？
これは
日本語にはない
考え方なんです
「だいたいわかれば
いい」というのが
日本語っぽい発想
じゃないかって
ボクは
思ってるんです
「1本のペン」って
見ればわかることでも、
英語では相手に
言いたいんです
「a pen」
って？
たとえば
「ペンを取ってください」は、
「Please《プリーズ》 take《テイク》 a pen.」
という英文になるんですが、
そうです「a pen」です！
それ以上あるときは
「two《にほんの》 pens」とか
「many《たくさんの》 pens」
うーん
正確に訳すと「a pen」
だから
「1本のペンを取って
ください」ですよね？
はい
理解できないなぁ
いちいち伝えなくても、
だいたいわかれば
いいのにね
うーん

それって、こうも言えませんか？
え？
でも、「1本のペンを取ってください」って日本語は、なんだか気持ちが悪い
使いませんね
日本語で「ペン取って」と頼んだとき、
だって「ペン取って！」って言われたら普通は1本だけ渡すでしょ？
ふふ
何本なのかは相手の良識の範囲内でおまかせします、ってことですよね？
まぁ
わからないときは、2〜3本渡しとけばまぁ、大丈夫だし
そこです！
頼まれた人がその場の空気を読んで渡すって感じですもんね
そーそー
みち子さん今、すごくいいこと言いましたよ

言語に「何が正しい」は、ないと思うんです。考え方が違うだけです
ふんふん
英語って最初からより正確に伝えたい言語って気がします
じゃあ日本語は？
えっと
全部言わなくても察してもらいたい言語、かな？
リビングで夫に「ペン取って」って言われたら1本だけ渡すけど
PTAのバザーの準備のときにママ友に言われたらざっくりケースごと渡すかも
ですよね
ってことは英語は……
ん？
「何本かはだいたいわかるでしょ」って考え方じゃないんですね？
しっかり伝える

なんかあのたとえを
思い出しました
はは
英語って正確さとか
スピーディーさ
とかを大切にして
るんですね
日本語は、相手との
会話のやりとりの回数は
苦にならない、みたいな？
なるほど
うーん、
そう考えてみると……
はい？
あっ!!
は??
ロールケーキだ!!
英語のロールケーキは、
中央に生クリームが
多めに入ってる
ほら
「最初の段階で
伝えたいことが
ある程度わかる」

アメリカの人が日本語を話すときも、そうなのかもしれませんね！
ほら、よく日本人はYes、Noをハッキリ言わないって言われてるけど
「ワタシ　イキマシタネ、キョウト」とか
言ってるの聞いたことあるな
普段からスピーディーさに慣れてませんもんねぇ
ハハ
なんか、今日長年の「a」のなぞが少しだけとけた気がします
日本人が話す英語には日本人っぽさが出るのかもしれませんね
「わかる」ってうれしいです
ボクもです
言語が変わっても話す人は変わらないんですから
そうかも

わかりたい気持ち
ママ～
なに～
国語の宿題で「○○的」って言葉を考えてきなさいって言われたんだけど
「○○的」？
社会的、一般的、国際的って３つ見つけたんだけど……
すご～い、なんかシブいね
ママ、他になんかある？
えー、うーん
あ、「楽天的」っていうのもあるね

どういう意味？
くよくよしないで
いつも明るくいること、
かな
ありがとう
それも書いとく!!
うん
ねぇ、ママ
くるっ
ん？
あたしって
「楽天的」？
人って楽天的な
ほうがいいの？
すごくいい
質問だね！

最近英語の勉強をはじめて
気づいたことがあるんです
「いい質問ですね」って
言われることのうれしさ、です
なにかを、わかりたい気持ち
それは知りたい気持ちとは
少し違って、もっと心の奥の
自分にむかっている
楽天的な自分も
そうじゃない自分も
ふたついて
いいんじゃない？
いつも、どんなときも
明るく元気なんて、
ママだって絶対
ムリだもん
そっか
うん!!
ふふ

できたことを
ほめられるより、
質問をほめられる
ほうが、うれしいって
なんでだろ?
そのわかりたい気持ちを
相手に手渡したとき、
教える側と
教えられる側が
ほんの一瞬対等になれる
「いい質問ですね」って
言われると、
すごく
うれしい
なんか、
まるで、
そんな気になるんだよな〜
うふっ
自分のすべてを認められた
気になるって言っても
大げさじゃない
うん

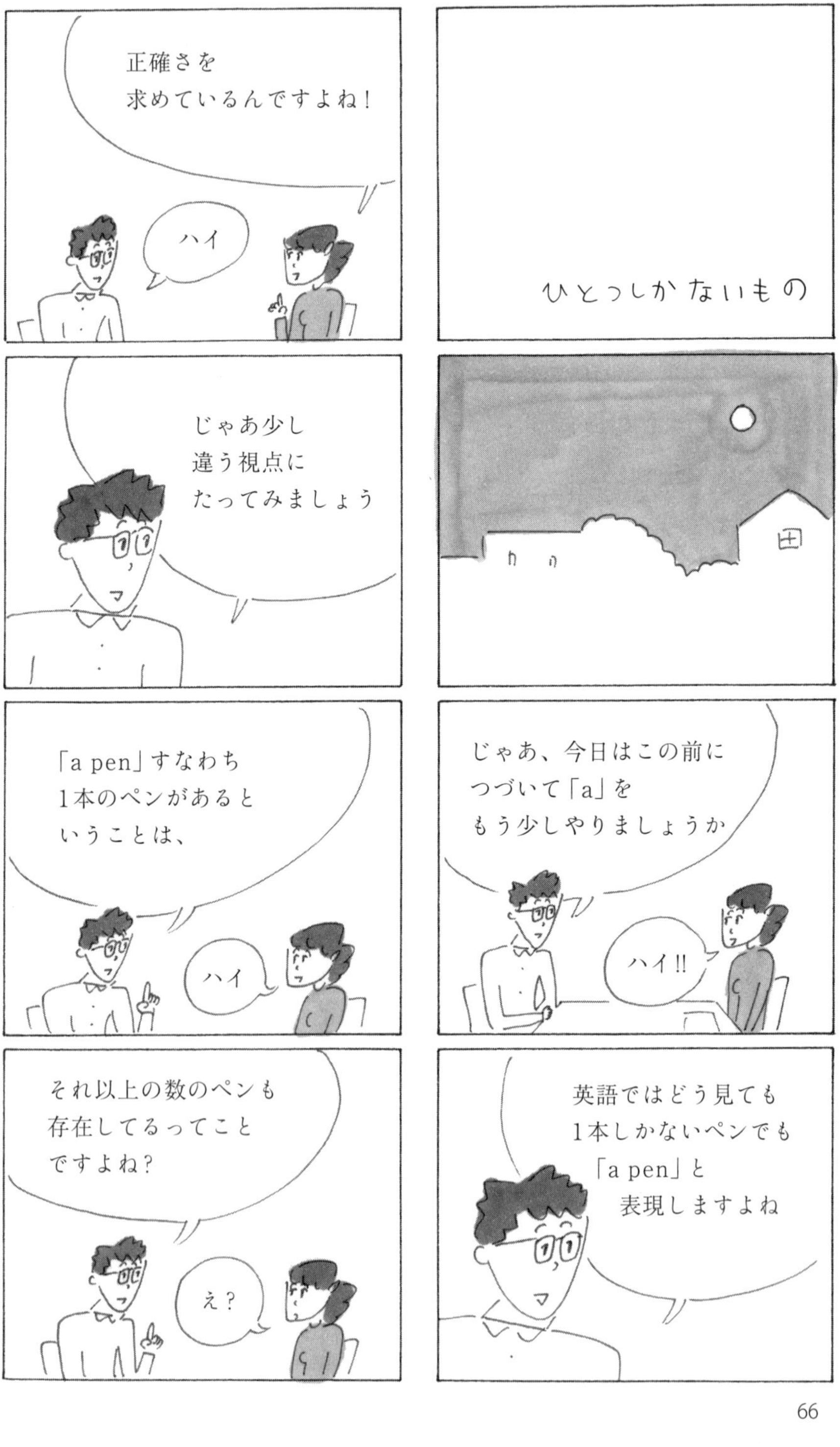
ひとつしかないもの
じゃあ、今日はこの前に
つづいて「a」を
もう少しやりましょうか
ハイ!!
英語ではどう見ても
1本しかないペンでも
「a pen」と
表現しますよね
正確さを
求めているんですよね！
ハイ
じゃあ少し
違う視点に
たってみましょう
「a pen」すなわち
1本のペンがあると
いうことは、
ハイ
それ以上の数のペンも
存在してるってこと
ですよね？
え？

ひとつしかないものには「a」を付けないんです
へー
ペンは世界中にいっぱいあります、2本でも50本でも1万本でも
そうです、そうです
どうしてだろ??
では、みち子さん「空《そら》」ってどうですか?
空?
どうしてだと思います?
空はひとつしかないから「a sky」だけですね!
英語って数の正確さを大切にするんだったら「a」って付ければいいのに
それが違うんです
え?

「a」がある以上、
複数形があると
覚えるといいかも
しれません
そこです!!
そこですヨ!!
えっ
複数形って
なんでしたっけ??
えっ
正確さを大切に
するからこそ、
付けないってことも
あるんじゃない
ですか?
「s」です
名詞の最後に付ける
やつです
あー
「a sky」(ひとつの空)
って言われると
2個でも50個でも
1万個でもありそう
ですよね?
あっ
ってことは、
「a sky」がない場合
「skys」もないんですネ
そーそー
なるほど!
「a」を付けちゃうと
かえって
正確さに欠ける
んですね

どれもひとつしか
ないですもんね～
はい
あ、でも「みち子」
って名前の人は
いっぱいいますよ
たとえいっぱいいても
今、ここにいる
みち子さんは
世界にたったひとりです
だから「a」は
いらないんですヨ
先生、じゃあ「太陽」も
「a」が付きませんね？
ハイッ
ひとつしか
ないので
「日本」にも付かない
「a Japan」だと他にも
あるみたいになります
そういえば「Japans」
って聞いたことない
でしょ？
「日本」のように
国名や都市、
人の名前には
「a」は付けません

正解です!!
じゃあ「水」(water)はどうでしょう?
水はたくさんあるけど……数はわからないし
「a」も「s」も付かない、と思う
正解!!
でも水(water)に「a」が付く場合もあるんです
え?
先生……
はい?
今、なんかわたしジーンときちゃった
いや〜
じゃあ、みち子さん「川」(river)はどうでしょうね?
川はたくさんあるから「a river」も「rivers」もOK?

英語だと
「I want a
glass of water.」
「a glass of water」
（グラス一杯の水）
の場合です
「私はグラス一杯の
水が欲しい」まで
言うんですもんね
そう
ですね
正確に言うと、
この「a」はwater
じゃなくて、グラス（glass）
に付いているんですけど
ウーん
日本語の「水ください」
だと、本来ならバケツに
水を入れて渡されても
文句は言えない
ですからね
英語って、ホントに
きちんと説明しないと
気がすまないん
ですね〜
ホントそうですね!!
アハハ
日本語だと
「水ください」で
OKなのに

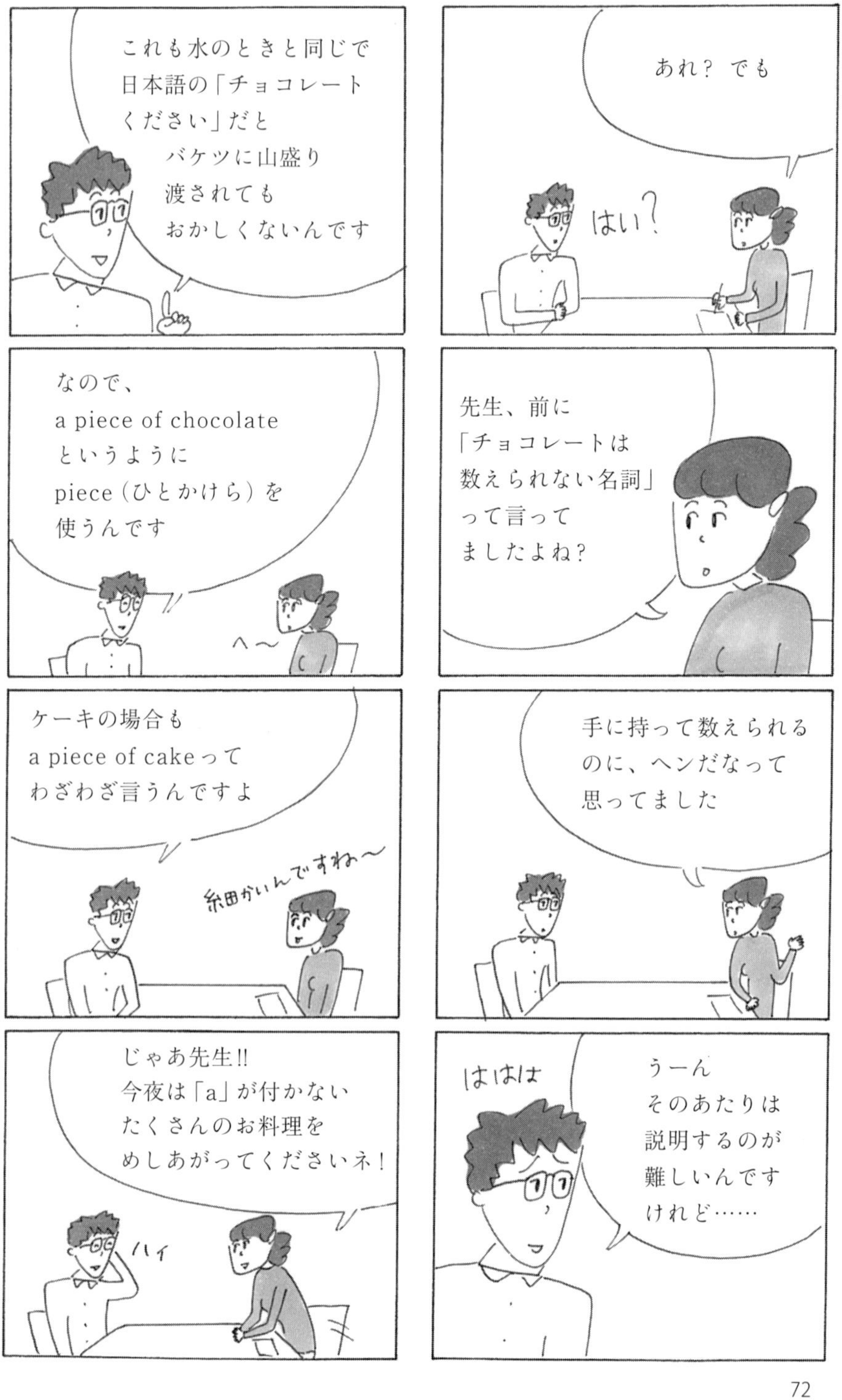

あれ？ でも
はい？
先生、前に
「チョコレートは
数えられない名詞」
って言って
ましたよね？
手に持って数えられる
のに、ヘンだなって
思ってました
ははは
うーん
そのあたりは
説明するのが
難しいんです
けれど……
これも水のときと同じで
日本語の「チョコレート
ください」だと
バケツに山盛り
渡されても
おかしくないんです
なので、
a piece of chocolate
というように
piece（ひとかけら）を
使うんです
へ〜
ケーキの場合も
a piece of cake って
わざわざ言うんですよ
細かいんですね〜
じゃあ先生!!
今夜は「a」が付かない
たくさんのお料理を
めしあがってくださいネ！
ハイ

先生
今日は遠慮なく
めしあがって
ください
妻がいつも
おせわに
なってます
こちらこそ
ありがとう
ございます
先生、ママ英語、
上手になって
きてるの？
まだまだ
これからだヨ。
ね、先生……
ハイ
ボクも英語は
苦手だったというか、
単語覚えるのに
必死でしたよ
単語は覚えないと
どうにもならなかった
ですもんね……
ボクも苦労しました
でも先生は
それでも英語が好き
だったんでしょ？

ね、先生、さっきの授業でも思ったんですけど、
なんでしょう?
そうですね、まあ
英語って「a」や「s」を付けて正確さを求めてるでしょう?
「I」も同じですよね
先生、お寿司もめしあがって
はい
いただきます!
今、自分がしゃべってるのに、いちいち「I」って最初に言うでしょ?
たしかに
ね、ね、
「お寿司を食べる」って英語でなんて言うの?
まさみちゃん、どういうことかって言うとね、英語には「お寿司を食べる」って言い方がなくてね、
I eat《イート》 SUSHI《スシ》.
だよ

学校の作文で「わたし」が多いって先生に注意されたことあるよ
「わたしはお寿司を食べる」って、言い方をするんだ
そうねえ、日本語だとあんまり「わたし」「わたし」って入ってる文章はうっとうしいもんね
わかっていても、いちいち「わたしは」って言うのよ
ふーん
「わたし」って言葉を使わなくても、日本語は今日１日のこと書けたりするしなぁ
ですね
そう考えると、英語の作文は長くなるでしょうねえ。「わたしは」がいっぱいだ
でもね、まさみ、どっちがいいとか悪いとかはないんだよ
たしかに！英語の本って必然的にぶ厚くなってますからね
ははは

日本語も英語もちゃんとできてるの!! すごいよね〜
ママね、英語を勉強しなおしてから、日本語の好きなとこにも気づいたの
毎日、あたり前のようにしゃべってるけど、日本語もいいもんだな〜って
どんなふうに?
ママが好きなのはね〜失敗できるとこ
ママ、話すのそんなに上手じゃないけど、日本語って失敗しかけてもチャンスが何度もあるの
途中で「あれ? これ言いたかったことと違う」って思ったら簡単に方向転換できちゃう
ハハ
方向転換?
「きのうケーキを食べた」って言いかけて、あっ、これ秘密だったのに失敗!!って思うでしょ
そうしたら「きのうケーキ……屋さんの前で猫を見たよ」って途中で変えられるのが日本語なのよ〜
ふふ

じゃあ、みち子、
英語の好きなとこは?
それ、
今のわたしに
聞く〜〜?
アハハハ
あっ、でもMichikoには
「a」が付かないのには
感動した
a?
わたしは世界に
ひとりしかいない。
だから、「a」も
いらないの
ママ、
きのうケーキ食べたの?
わたしはケーキを
食べ……
てません!!
ハハ
ホント!?
他にももっといろいろ
日本語の好きなとこを
発見できるの
かもね

ひとりだけなんだから
大切にしてね♡
???
先生は、英語が好きに
なったきっかけとか
あるんですか?
特にきっかけは
ないんですけど
英語の勉強に
熱心になったのは、
中学生の頃からです
当時はとにかく、
強くなりたかったんだと
思うんですよね
強く?
クラスメイトたちに
一目置かれたいと
いうか、英語って
わかりやすいじゃ
ないですか
はは
「おっコイツ
英語しゃべれんの?」って
かんじですね?
わかります
ハイ
とにかくめちゃくちゃ
英語は勉強したんです
点数が上がると
それなりに楽しく
なったし

伝えたいことが
浮かばなかったんだ
「英語」を話すのが
目的になっていたって、
ようやく気づくんです
英語だろうが
日本語だろうが
自分は同じなのに、
まったく違う自分になれる
気がしていたというか
なんか、
わかります
ついには、外国人に
なりたい！とまでマジメに
思ったんですよ！
アハハ
アハハ
それで大学の時に
アメリカに留学
したんですね
そうしたらもう
ぜんぜん話せないんです
忘れたの？
英語を
忘れたわけ
じゃなくてね、

自分を変えようと思って
英語をやっても、
それは違ったんですね
じゃあ、今は先生に
とって英語は
どんなものなん
ですか?
自分を伝えるための
道具です、日本語と
同じですよ
でも、まだまだ細かい
ニュアンスは伝わらない
から、使いきれては
いません
実はわたしも
ちょっとそう
思ってました
うん
うん
英語を話してる
自分を想像するとき、
いつもアクティブ
なの
アハハハ
「オーッ
マイガッ」
とか言ってる
かんじ
アハハハ
でも、結局
わたしは
わたしのまま

しかし、私は外国語を学べば学ぶほど、
日本語が美しく思われ、
日本語の美しさにのめりこんでいった。
語感、調べ、リズム。
そして、その奥に潜む歴史までもが
いとおしいものに思われてきた。
また、日本語を学ぶために費やした労力は、
言葉を覚えるということ以上の
何かを私にあたえてくれたように
思えるのであった。

『二重らせんの私』
柳澤桂子
ハヤカワ文庫

aとtheは別物
ショッピングセンター
なるほど英語は「より正確に」か～
そうなのよ～いちいち「a」を付けるのね～
セール
「This is a blouse《ブラウス》.」
1枚のブラウスって見たらわかるけどね～
aはわかったけどじゃあtheはなんだろ？
「This is the blouse.」って言い方もするの？
さあ、どうだろ……
「the」って「その」でしょ？
って習ったよね？
「これはそのブラウスです」ってどういうとき言うんだろね？
うーん

と、いうわけで「a」はわかったけど「the」は不明なのです、先生
なるほど
みち子さん、「a blouse」か「the blouse」か、どっちを使うのかって迷うのはおかしいってことわかりますか?
「a」も「the」も名詞の前に付くのは共通してるんですけれどね
う〜ん
先週のレッスンでは、名詞に「a」を付けるか付けないか考えましたよね?
ハイ
「a」が付けられる名詞の場合は、数えられるものってことで、
「a pen」だと1本、「pens」だと複数
ハイ
うーん、ということは……

「a と s」で
迷うなら
わかるけど、
「a と the」は
別物なのかな??
みち子さん
正解です!!!
「This is a pen.」と
「This is the pen.」は、
似てるけど、同じ次元
じゃないんです
けど先生
「This is the pen.」
ってどういうときに
使うんですかね?
「これはそのペンです」
って変な文でしょう?
日本語でだって
使いますよ
たとえば、
「昨日、デパートで
カッコいいペンを
買ったんですよ」
「これはそのペンです」
あっホント、
言う!!

会話の中で、お互いに「そのペン」がどういうものかわかっていれば「the pen」でOKなんです
なるほど～
英語だからすべて日本語と違うわけじゃないんですヨ
ん？ けど先生、テレビとかで「The MANZAI」みたいな番組名ありますよね？
「その漫才」って言われてもよくわかんないとゆーか
みち子さん、するどいとこきますね～
「The MANZAI」のような使い方の場合は、もっと象徴的なんです
象徴的??
漫才師ってたくさんいるし漫才のネタもたくさんあるけれど、
今夜放送する漫才こそが漫才中の漫才なんだ!! みたいな意味合いで使ってるんでしょうね
「これが漫才だ!!」というのに近いと思うんです
なるほど～

わかりましたか?
うーん、もうひとつくらい例が聞きたいかも
う――ん、そうだなあ～
うーん
あ、じゃあ歌舞伎にしましょう「KABUKI」
ちなみに「KABUKI」にはaは付きますか?
数えられないから付きません
正解！
では、「これは歌舞伎です」って英語で言うと？
This is KABUKI.
正解!!
たとえば、歌舞伎の写真を見たアメリカ人に、「これは何？」って聞かれれば「This is KABUKI.」ってボクたちは答えますね
じゃ、こういう場合はどうでしょう
?

そのアメリカ人を歌舞伎に連れていってあげたとします
当日の演目には、有名どころの演者が大勢出ていて、
ふんふん
アメリカ人は、その舞台にものすごく感激して涙、涙、涙!!
そんなに喜んでくれたらこっちも嬉しいですね〜
はい
ボクならこんなときはこう言うと思うんです
「This is the KABUKI.」これが、これこそが歌舞伎なんです！って
うん うん
「the」って「その」っていう意味だけじゃなくて、強調としても使えるんですね〜
バンド名に「the」を付けるのも、わかる気がする
たしかに

theの話を
もう少し
したいんですが
その前に、
またちょっと
名詞の話にもどりますね
はい
名詞には
「固有名詞」と「一般名詞」が
あるんです
あ〜っ
なんか覚えなきゃ
なんない空気……
ハハハ
たしかに、
「固有名詞」とか
「一般名詞」とか
勉強臭が
しますよね
するする……
じゃあ、
そうだなあ、
香りの違いをかぎわける
くらいの気持ちで
いきましょう
はい
「固有名詞」っていうのは
人の名前や国の名前などです

みち子も、日本も、
あとは、富士山や、
玉川や
タマや
タマ？
サザエさん家《ち》の
タマです
あ、タマね
ふふ
「固有名詞」は１個というか
ひとつでなくちゃならない
ものです
じゃあ、
「１コ有名詞」
って覚えよ
いいですネ
で、「一般名詞」って
いうのは山とか川とか
猫とかコップ
とか家とか
ひとつに決まって
いないもの、
と言えばいいですかね
ふーん
じゃあ、みち子さん、
「パンケーキ」は固有名詞か
一般名詞か
どちらでしょう？
うーん

固有名詞？
なぜ??
だってパンケーキは
ケーキの名前でしょ？
ケーキ全体の中の
1個だから！
みち子さん、
パンケーキは
一般名詞です
え〜
一般名詞は
ひとつに決まって
いないものって
言いましたよね？
パンケーキは、
山や猫という名詞と同じで
世界にひとつしかない
というわけではない
でも、こんな場合は
どうでしょう??
みち子さんが
パンケーキ屋さんを
しているとして
「みち子さんのパンケーキ」
という商品名、これは
特定できる
ものです
ただのパンケーキと
違うってこと？
そう

「みち子さんのパンケーキ」はMichiko's pancakeになるんですが、
これは、みち子さんの名前と同じで、ひとつしかない固有名詞になるんです
というわけで、ただのパンケーキは一般名詞です
じゃあ「マヤ文明」はどうでしょうか?
えーっと
「マヤ文明」はひとつしかないから固有名詞。でも「文明」だけだと一般名詞?
正解!! 香りの違いをかぎわけてますヨ!!
へへ
でも先生、theの話からなんで固有名詞と一般名詞の話になったんですか?
はい、実はこのtheというのは、固有名詞の前には付けないルールなんです

あっ、ついでですが
固有名詞の最初の文字は
大文字という決まりです
学校で習ったの
覚えてます
さっきみたいに、
「the MANZAI」とか
「the KABUKI」みたいに
象徴的に使うときは
例外ですけど
Michikoには
「a」も「the」も付かず
おまけに先頭は
大文字
「the Fujisan」のように
「その富士山」とは
言わない
固有名詞って特別って
かんじですね～
ですね
1個しかないんだから
わざわざ「the（その）」を
付けなくてもいいって
こと？
そうそう！
ここまで大丈夫
ですか？
はい
「the Michiko」
（そのみち子）も
ありません
世界にひとり
ですもんね

で、
一般名詞には
theを付けられます
the cat（その猫）とか
the pancake（そのパンケーキ）
とか
ふんふん
そうだなあー
じゃあ今度もまた
「チョコレート」で
考えてみましょう！
ボクとみち子さんが
お土産のチョコレートの
話をしていた
とします
「そのチョコレートは
甘いです」を英語で言うと？
甘いはsweet
ですよね
「The chocolate
is sweet.」
一般名詞だから
theが付きますね
じゃあ「グリコアーモンド
チョコレートは甘い」
これを英語で
言うと？
「グリコアーモンド
チョコレート」は
固有名詞だから、

「グリコアーモンドチョコレート」は固有名詞だけど、先生との会話のながれで言うなら～
「Glico Almond Chocolate is sweet.」
正解！
もう、「グリコアーモンドチョコレート」ってわかってるわけだから、「そのチョコレート」って言ってもいい？
ハイ
あーん、今、めちゃくちゃグリコアーモンドチョコが食べたい!!
ハハ
「I like the chocolate.」（ボクはそのチョコレートが好きだ）
正解!!
一般名詞になったしtheを付けていい
今、ボクとみち子さんはグリコアーモンドチョコレートの話をしてますよね、
なんか、つかめてきました
ハイ
「ボクは、グリコアーモンドチョコレートが好きだ」とボクが英語で言うと？
えーっと

次はクジラを例にとりましょう
「クジラは大きい」を
英語にすると、
「Whales《ホエールズ》 are big.」
になるんですが
この場合は、クジラって
世界に複数いるわけだから
Whalesと
sが付きます
あっ、一般名詞でも文の
最初にくるときは先頭は
大文字になります
日本語で考えると不思議
ですよね、文字が大きく
なったりするの
え？
「クジラは大きい。」
すごいインパクト
大きく書くの
ほら
あっ、でも日本語は
小さくなりますね
あっとか、チョコとか
たしかに
みち子さん、さっきの
「Whales are big.」
（クジラは大きい）に
話をもどしますが
「A whale《ホエール》 is big.」
としても間違いでは
ありません
単数だ!!

「A whale is big.」はA (a) が付いてもひとつという意味より
「クジラというもの」と、とらえるとわかりやすいですかね
なるほど
みち子さん、「a」と「s」と「the」はだいたい雰囲気つかめましたか？
はい、先生、わたしなりに理解できてきた、かも？
ハハ
ハハ
「the」は日本語にも共通する感覚があったけど、
「a」と「s」は数えられるもの、られないものっていうのがずいぶん違うな、って
ん
はい？
親が自分の子供にことばを教えるときも、英語と日本語では変わってきますよね！

英語では、
「小鳥さんがたくさん
いるときはsを付けてね」
なんて教えて
あげるのかしら？
なんか、
おもしろいな～
そうですね
ママ～
アイス食べていい？
いいよ
あ、
はい？
そういえば娘が
小さいときは
英語寄りの日本語
だった気がする
え？どういう
ことですか？
ひとつなのか、
何個なのか
「a」か「s」か
？
？

「ボールを
持ってきて」って
言うときも、
「ボールをひとつ
持ってきて」って
わざわざ言ってた
「自分の感覚で」って
わけにはいかないし
なるほど
ちなみに、
「ボールをひとつ持ってきて」
を英語にすると、
「Please bring a ball.」
となります。
持ってくるは、
bring《ブリング》です
「いくつか持ってきて」だと
「Please bring
some balls.」
になります
ママ〜
アイスもうひとつ
食べていい？
ダメ!! おなか
冷えちゃう
まだまだ感覚には
頼れません
はーい

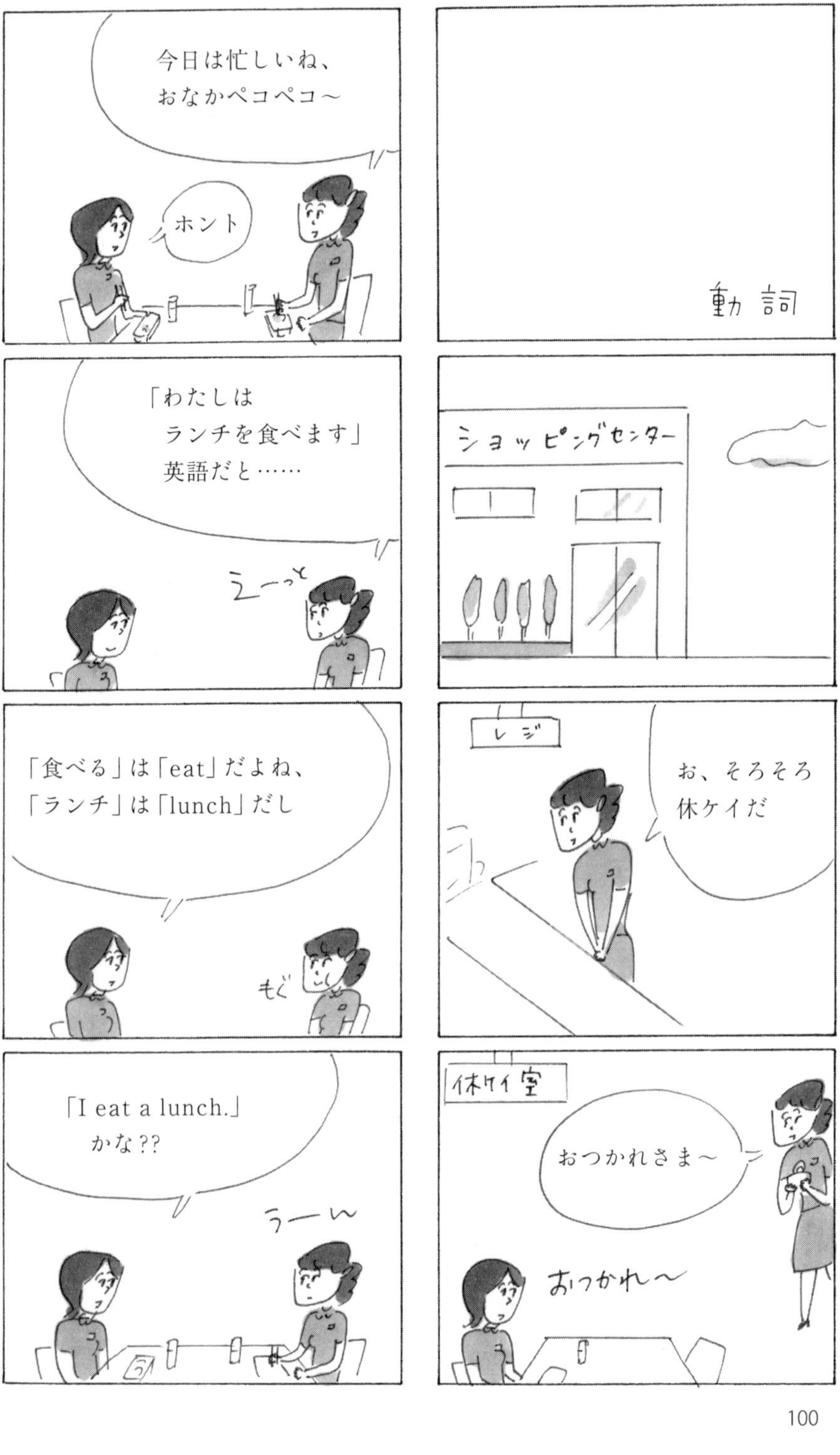
動詞
ショッピングセンター
レジ
お、そろそろ
休ケイだ
休ケイ室
おつかれさま～
おつかれ～
今日は忙しいね、
おなかペコペコ～
ホント
「わたしは
ランチを食べます」
英語だと……
えーっと
「食べる」は「eat」だよね、
「ランチ」は「lunch」だし
もぐ
「I eat a lunch.」
かな??
うーん

「lunch」は名詞だけど数えられないから「a」がいらないんだって
だから、「I eat lunch.」かも？
おっすごい!!
もぐ
ん？待てよ、「わたしは」って「I am」でしょ？「I am eat lunch.」かな？
うーん
ひとつの文には動詞はひとつじゃなかった？だから、amはいらないと思うけど……
そもそも、「am」ってどんなとき使うんだっけ？
「I am Michiko.」
あ、使うね
「I am forty years old.」
「わたしは40歳です」
「I am forty years old.」は、あんまり言いたくないけど
ハハハ

な～んて
話を同僚と
してたんです…
わたし動詞の
使い方ほぼ
わかって
ません……
なるほど、
じゃあ、みち子さん、
まずは「動詞」って何かを
考えていきましょうか
ハイ
ウ～ん
「動詞」っていう
くらいだし、
動きがある
言葉でしょ
「走る」とか「歩く」とか
「飛ぶ」とか「泳ぐ」とか
そうです
そうです
思いつくかぎり
どんどん
出していきましょう
ハイ
「行く」「来る」「運転する」
「乗る」「こける」
あとは……
ん？　あとなんか
あるかな、
移動だけが
動詞じゃないですよ

「うらむ」なんてのも
動詞です
えっ
そうなんですか!?
ほら、eat、「食べる」
も動詞です
あ、そうか!
じゃあ「許す」とか「知る」
とか「あきらめる」とかも
動詞?
ハイ
じゃあ、「話す」とか
「聞く」も動詞?
ハイ
ボクたちの力ではない
ものも入ります
たとえば「凍《こお》る」
とか
「歌う」「笑う」「泣く」
「怒る」「寝る」「殴る」
「投げる」「拾う」
いっぱいありますネ!!
えっ、「凍る」も動詞って
ことは「燃える」も?
ハイ
頭の中で起こってることも
動詞になるんですよ、
「夢を見る」とか

動詞がなかったら
会話が成立しないって
ことですね!!
みち子さん、
そんなことは
ありませんヨ
あなたの名前は?
わたしは
みち子です
「わたしはみち子です」の
中に動詞がありますか?
あっ
「病む」とかも
動詞なんですか?
「ケガをする」とか
「出血する」とか
そうです!
全部動詞です
知らなかった!!
へ〜
あとは、そうですねぇ、
「勝つ」とか「負ける」も
そうだし、
「禁ずる」とか
「忘れる」とか
「予言する」とか「予報する」
とか「利用する」なんてのも
動詞です
すご〜い

それが
「be動詞」なんです
そうか、
「わたしはみち子です」
には、動詞がないですね〜
ハイ
ありません
あっ、am is are
ですね？
はい、be動詞です
ただし、英文にした場合は、
「わたしはみち子です」にも
動詞が必要なんです
am is areは、もちろん
学校で習ってきたんで、
なんとなく
覚えてるんです
でも……
大丈夫です、
ゆっくりいきましょう！
先生、それ、
なぞなぞ？
いえいえ
バタッ

きっと誰も意識してないです
そう考えるとすごいな～
ハイ
それに、今、大きなことがわかったじゃないですか
こうやって、自分が会話しているのが、すごいことに思えてきちゃう
「動詞」のことですか？
そうです！
じゃあ、アメリカ人が日本語を学ぶとき、「動詞って幅広い！」って、わたしみたいにびっくりするのかな
たぶん
ふふ
はい、「動詞」がこんなに幅広いとは思ってなかった!!
あ
ハイ？
赤ちゃんのときから自然に日本語にふれてきたから「動詞」なんて意識することなかったし

先生、
「死ぬ」って言葉も
動詞なんですか?
「死ぬ」も動詞です
「死」と「動」が
イコールなんですね……
そう
ですね……
「死ぬ」は英語で
die《ダイ》です
die
先生、
ハイ
「シヌ」って言葉のひびきは、
何にも代えられない
怖さがあるって、
今、思いました
それはたぶん、小さい頃から
「シヌ」って言葉のひびきに
怖さを感じてきたから
じゃないかな
英語のdieの中に「シヌ」
と同じだけの怖さを
感じることはできない

子供のころから、誕生日には「ハッピーバースデートゥーユー〜♪」って歌ってもらってきたから
たしかに
うん、そうだ、ボクもみち子さんの言うとおりだと思います
聞きなれてるし、印象も近いです！楽しいかんじ
なるほど！
あ
ハイ？
ちなみにみち子さんbirthdayって、名詞か動詞かどっちですか？
ちょっと違うけど、このふたつは近いと思う
？
名詞です！「昨日」や「今日」も名詞だし「誕生日」も同じです
正解!! よくできました!!
「誕生日」と「birthday《バースデー》」って言葉
ふふ

何にも代えられない
怖さがある、
か〜
そんなことオレ、
考えたことも
なかったよな〜
外国語を学ぶって
母国語を
振りかえる
ことにも
つながってん
だなぁ
やっと
動詞まで
きたか
って言っても、
動詞のドアの前に立った
ってかんじかなぁ
「シヌ」って
ひびきには、

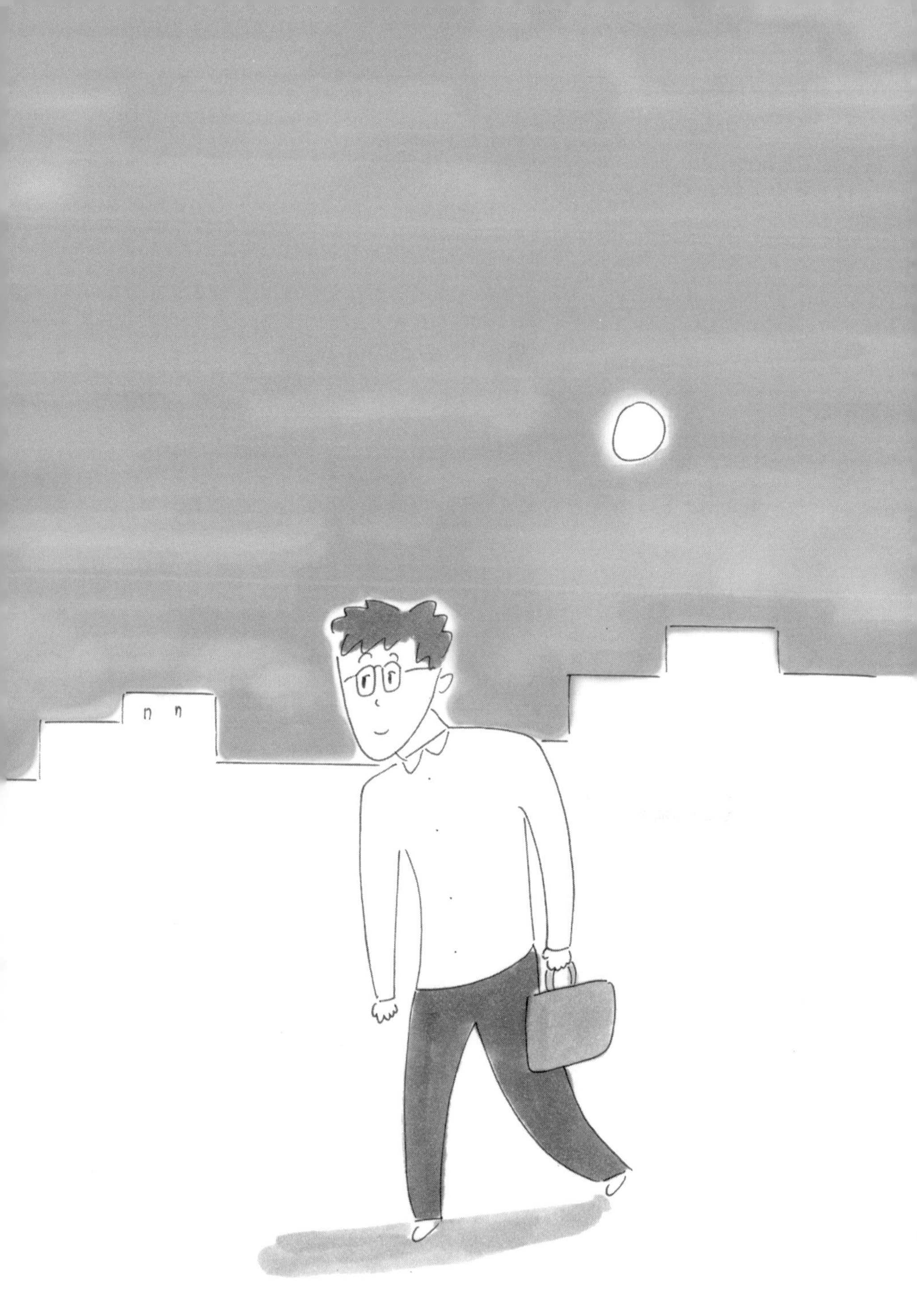

サクラ SaKuRaは、息を舌の上にすべらせ、
口元に風を作り出すSa、何かが一点で
止まったイメージのKu、花びらのように
舌をひるがえすRaで構成されてた語である。
つまり、語感的には、
風に散る瞬間の花の象《しょう》を表す名称なのだ。
あの花を「サクラ」と呼ぶ私たち日本人は、
散り際を最も愛する。

『日本語はなぜ美しいのか』
黒川伊保子
集英社新書

キッチンにて
まさみ!!
早く起きなさーい
ちこくするヨ～
目玉焼き
もうできる？
コーヒー入れるよ
うん
最近さ～
枕に髪の毛、
結構ついててさぁ
抜け毛が
気になる……
そう？
わかんないよ？
あれ？
「抜け毛」って
名詞だっけ、
動詞だっけ？

は？
うーん
「帽子」は名詞だし
「髪の毛」も名詞でしょ
ってことは、
「抜け毛」も名詞ってことか
「抜け」って言葉に
動きがあるから
まどわされちゃうけど、
うん、そうだ
「抜け毛」は名詞だ!!
うん うん
でも「毛が抜ける」って
言葉になると動詞なんだよ
「落ちる」も「飛ぶ」も
動詞だし
ケンカ売ってる？
あ、いや
ゴメン

be動詞
こんばんは！
じゃ、今日も動詞の
つづきをゆっくり
やっていきましょう
ハイ
みち子さん、この前
言ってましたよね、
「わたしはランチを食べます」
の英文が
わからなかったって
ハイ、
「I eat lunch.」か
「I am eat lunch.」か
うんうん
lunch は数えられないから、
「a」が付かないっていう
のはわかります！
すごい進歩ですヨ!!
でも、「am」がいるのか
いらないのか
そういうのが実は
よくわかって
ないんです……
高校や短大の受験のときって
試験問題用に英語を
暗記してたって
かんじがします……
わかります

じゃ、
まずは日本語で
考えていきましょう
これからふたつの文章を
言いますが、正しいのは
どっちでしょうか
はい
「わたしは勉強です」
「わたしは勉強します」
「わたしは勉強します」
こっちが正解です
どうして
そう思うんですか?
は?
だって
「わたしは勉強です」だと、
なんか「勉強」って
名前の人
みたいだもん
そうです！
そのとおりです!!
じゃ、問題
「わたしはテニスです」
「わたしはテニスをします」

「わたしは日本人です」こっちの文章が正解です
「わたしはテニスをします」が正しいです
どうしてですか？
「わたしは日本人をします」って、おかしいでしょ？
ハイ
だって、テニスはスポーツでしょ？「わたし」が「スポーツ」っておかしいですヨ
この「おかしい」って感覚は英文でも同じなんです
さっきと同じで、それだと「テニス」って名前の人になっちゃうし
ですね！
「I am study.」と「I study.」
じゃあもう一問、「わたしは日本人です」「わたしは日本人をします」

「I am study.」を無理に訳せば
「わたしは勉強です」となります。
「I study.」は、
「わたしは勉強します」
どっちが
おかしいですか？
「I am study.」
わたしは勉強です
そうですね、
「I am study.」だと「勉強」
っていう名前ですよね
ハイ
みち子さん、
こう考えてみたら
どうでしょう
「be動詞は、
主語とその後ろの言葉を
イコールで結べる」
?
「わたし」という主語があって、
その後ろの言葉が
「食べる」の場合、
わたしは食べるです、
って結んでしまうと
ヘンでしょう？
うん
結べないときは、
be動詞は使わないって
考えると
シンプルですよ
うん

「わたしは」は「I am」って思ってたから、ずっとこんがらがってたんですネ
あ、ということは「わたしはランチを食べます」は……
どうなりますか?
「わたしは」ではじまる英文でも「I」のあとが「am」とは限らないです
ハイ
「わたし」と「ランチを食べる」をイコールで結ぶと「わたしはランチを食べるです」になっちゃうから〜
これは「I」以外でも言えることですよ
be動詞の「am」を使わない
そうです
「あなたは」で、はじめる英文でも「you」のあとが「are」とは限らない
そうか
「I eat lunch.」これが正しい英文ですね
ハイ

「あなたは背が高いです」は
文章として、「あなた」と
「背が高い」が
イコールで結べて
いるから
「彼は」や「わたしたちは」
も同じです。
「He is」「We are」とは
限らない
「You are tall.」
areがいります、
be動詞が必要です
正解
先生、もっと例題
出してください
もちろんです、
ゆっくりいきましょう
じゃあ、
「あなたはゴルフをする」
英文では?
じゃあ、
「あなたは背が高い」
英文では?
「ゴルフをする」は
play golf です
えーっと
えーっと
「背が高い」は
tall《トール》 です
えーっと

「あなたはゴルフをする」
「あなたはゴルフをする、です」
「あなた」と
「ゴルフをする」は
イコールじゃない
「You play golf.」
これが正解です
be動詞はいらない
そうです
OKです
先生、
もっと問題出して！
いいですよ
ふっ
ふっ
じゃあ
「わたしは編集者です」を
英文にしてください。
「編集者」はeditor《エディター》です
えっと
「I」と「editor」を結ぶと
「わたしは編集者です」
ちゃんと
主語と結べてる!!
だから
「I am a editor.」
おしい！
母音《ぼいん》ではじまる名詞の前は
a じゃなくてanなんです
だから
「I am an editor.」
となります
あ〜、なんか学校で
習ったな

でも、ヘンなのって思ってた
全部「a」でいいじゃん!!
って。なんで
「an」なんだろうって
ボクは
言いやすいからかな
って思ってました
言いやすい?
うん
ほら、日本語だって
数を数えるとき、
自然に変わる
じゃないですか
1本《ぽん》、2本《ほん》、3本《ぼん》、4本《ほん》、
5本《ほん》、6本《ぽん》
ぽんとか、ほんとか、
ぼんとか
リズムがついて
言いやすいでしょう?
うんうん、
リズムが出る
「ア　エディター」より
「アン　エディター」のほうが
なめらかに口に出せると
思いませんか?
a editor《ア　エディター》
an editor《アン　エディター》
うん、anのほうが
なめらかになるかも～
でしょ
でしょ
じゃあ、次の問題ですヨ
「わたしは本を編集しています」
英文だと?

みち子さん、
「編集者」は数えられるけど
「編集する」は
どうでしょう
あ、
数えられない
「編集者」はeditorだけど
「編集する」はedit《エディット》です
えーっと
ということは、「edit」の
前にはan が必要ない
ハイ
主語とその後ろの言葉を
結ぶと「わたしは本を
編集しているです」に
なっちゃうから〜
「I edit book.」
が正解ですね!!
これは、be動詞が
いらない文章ですね
そうです!
おしい
え〜っ
まだ違うの?
「I an edit book.」
ですか??

「小鳥さんがたくさんいるときはsを付けてね」なんて教えてあげるのかしら
みち子さん、この前、ほら、自分が言ってたセリフを思い出して!!
あ
ん?
編集する本は一冊とは限らないから、bookに複数形の「s」が付く?
そうです!
親が自分の子供にことばを教えるときも、英語と日本語では変わってきますよね!
「I edit books.」これが正解だ
英語だと「太陽」はひとつしかないからaもsもいらないのよとか

どうですか？
なんとなくわかってきましたか？
なんとな～く
ハハ
でもおもしろい！
「わたしは編集者です」と「わたしは本を編集しています」って、同じ意味ですよね？
なのに、片方はbe動詞
もう片方は「edit」っていう普通の動詞を使う
そうなんです
今、みち子さんが「普通の動詞」って言ったものは、「一般動詞」って呼ばれてます
でも、みち子さんが「普通の動詞」って言い方がしっくりくるなら、そっちでいきましょう
ハイ
じゃあ次は～
先生、今日はもう頭がいっぱいです
フル稼働した気が……
ははは
おいしいケーキがあるから、今日はここまで、ということで！
はい

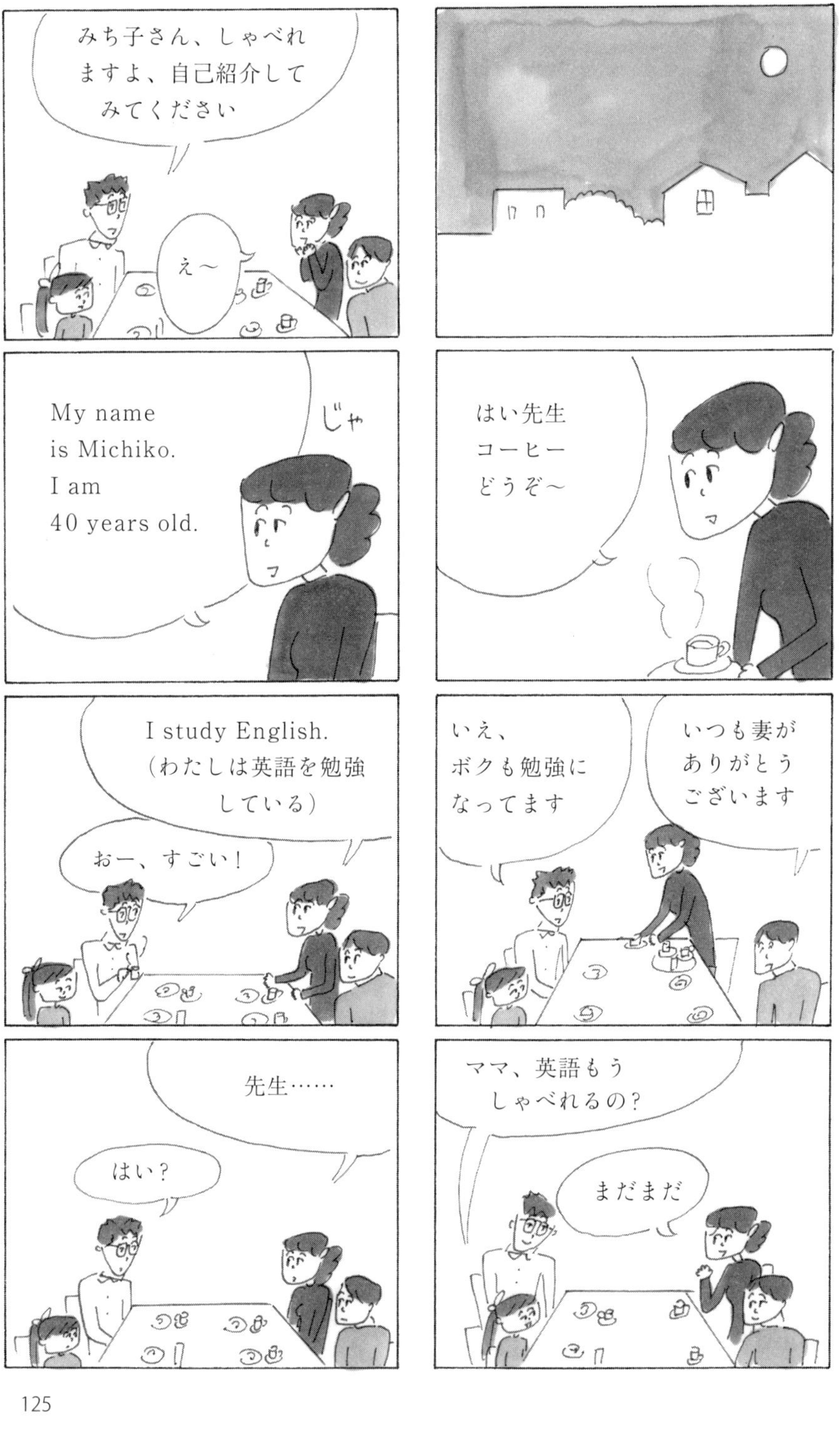
はい先生
コーヒー
どうぞ〜
いつも妻が
ありがとう
ございます
いえ、
ボクも勉強に
なってます
ママ、英語もう
しゃべれるの？
まだまだ
みち子さん、しゃべれ
ますよ、自己紹介して
みてください
え〜
じゃ
My name
is Michiko.
I am
40 years old.
I study English.
（わたしは英語を勉強
していいる）
おー、すごい！
先生……
はい？

そうですね
「I am study English.」とはしなかったですね!!
スゴイ
はい!!
わたし、ホントにすごいと思った
ママ、うれしそうだね
うん
なんかね、ちゃんとわかって今、自己紹介できた気がした
「わかる」ってすごくうれしいことなんだな〜ってママ、思うんだ
「I am 40 years old.」のyearsに「s」を付ける理由もわかったし、
それはね、「知る」ってことより何倍もうれしいことなんだ〜
ふーん
「I study English.」はIのあとにbe動詞の「am」がいらないことがもう理解できてる

まさみも、これからたくさんの「わかる」に出会っていくんだろうね
でもまさみ勉強きら〜い
ははは
あ、
ね、先生、年齢には「s」が付くでしょ？「40years old.」みたいに
生まれたばかりの赤ちゃんはどうなんだろう？
え？
0《ゼロ》は数えられないから、「s」は付かないんじゃないですか？
たしかにそうですね「0 years」ではなく「0 year」ですね
ってことは、1歳も「s」は付かないですね
たしかに

そういうことかな
難しいよね
ははは
まさみには難しいよな
「1」ってわかってるんだから「a」もいらない
たしかに
難しくないよ！
「I am 0 year old.」「I am 1 year old.」が正解ですね
簡単だよ？
年齢に「s」が付かないのは0歳と1歳だけなんだね～
赤ちゃんじゃなくなったら「s」がいるんでしょ
「s」っていうのは0歳と1歳だけいらないものなの？
？

「s」が付かないのは人生でたった2年間だけなんだね
先生、わたし、もう絶対年齢のあとに「s」付けるの忘れないと思う
ホントだ
ホント、そうだ……
まさみのおかげだね
赤ちゃんじゃなくなると、人には「ｓ」が付くんだね
うん、ありがと
そして、死ぬまで「ｓ」と付きあっていく

社内にて②
○○出版
おはようございまーす
オハヨー
で、どうなんですか？英語の勉強は
やっと動詞に突入したよ
って言っても、ほんの入り口、ドア開いたばっかりだけど
ほら、前に言ってた「英語につまずく人のパターン」って、なんかわかりました？
ね
うーん
まずはありきたりだけど、納得しきれてないまま、勉強が前に進んでつまらなくなってるってかんじかな～
でもそれは「納得できるまで質問してください」って空気にしておけばかなり改善される

むずかしいのは、
納得してもらうための例えを
考えることかな～
例え方って、
めちゃくちゃ
センス出ますよね～
やめてよ、
そのプレッシャー
やっと、be動詞と一般動詞
の違いについてまでは
進んだんだけどさ
はい
次はbe動詞の種類に
ついてなんだ
うん
種類って
am is areって
ことですか?
そう
Iならamとかyouならare
とかそういうのは、
みち子さんも
わかってるんですよ
でも……
でも?
オレ、彼女が今夜
質問すること、なんか、
わかるんだけど、どう
納得してもらうかが問題

彼らのさだめ
ハイ
先生、質問～
前から思ってたんですけど be動詞ってam is areがあるでしょ？
なんで、3種類も必要なんだろ？ 全部am でもよくないですか？ he はis 、 youはareって変えなくても
やっぱりきたか!!
みち子さん
はい？
そうくると思って、ボク、今日、こういうものを買ってみたんですよ
ゴソゴソ

みち子さん、
この赤レンジャーは
赤い服を着ています
じゃーん
はあ……
青レンジャーは、
もちろん青い服です
赤レンジャーと
青レンジャーと
黄レンジャーです
……
黄レンジャーはいつも
黄色い服を
着てますよね？
そうなんです。
彼らは決して
自分の色以外の色は
着ないんです
はい
はい？

am is areも
同じように
考えてみたらどうでしょう
どうしてだと
思いますか?
Iを一番カッコよく
見せる色は「am」
なんです
うーん、
それぞれの
キャラクターに
合う色が
あるからかな～
heを一番カッコよく
見せる色は「is」?
youの色は「are」
そうです!
そうなんですよ、
みち子さん
それが彼らのさだめ
なんです
さだめ
アハハ
この赤レンジャーは
赤色だから
赤レンジャー
らしいんですヨ

全員が赤レンジャーだと物語は単調でつまらない
be動詞が全部amだと、味気ない?
そうそう
Iもheもyouもweもtheyもみんなamだと覚えなくていいから楽なんですけど
うん
色どりが足りないってことですね
うふ
色どりといえば日本語だって同じじゃないですか?
え?
たとえばこの人形
数えるとき、1個って言いますよね
そして、このノートは1冊って数える

歴史を紐解《ひもと》いていけば
am is areにもいろんな
説があるのかもしれません
全部同じだと
もの足りない気が
しませんか?
でも、こんなふうに
自分の解釈《かいしゃく》で納得したって
ボクはいいと
思うんです
うん、たしかに!
でしょ?
わたし、be動詞が
3つあってもいい気が
してきました
はは
英語のbe動詞も
そんなふうに
考えてみたら
どうですか?
ママたち、人形で
あそんでるの??
ははは
言語って
おもしろいですね
はい!

Tシャツ1本だと
やっぱりなんか軽さと
やわらかさが出ない
よな～
ふふ
なに、ひとりで
ニヤニヤして！
お昼行こ
うん
セール
休憩室
なるほどね～
そういえば日本語
って数えるとき、
いろいろあるよね
もぐ
それが日本語
ショッピングセンター
いらっしゃい
ませ～
セール
Tシャツは1枚
セール

たしかに。
「匹」って言われれば
生きもののけはいがするし
うんうん
くつだと足だし
本だと冊だし
車だと一台
「粒」って言われると
パラパラッとした感覚が
頭の中に
広がってるよね!!
一個、一匹、一羽、一滴、
一粒、一段
考えてみたら
すごいあるよね
ね、日本語以外でも
こんなふうに、数えるもの
によって、呼び方を変えてる
外国語あるのかな～
英語だと、
数にはaかs
だけだもんね
英語は単数か複数か
のほうが重要
もぐ
さあ、
どうなんだろうね～
あったら、その国
親近感わくね～
ね、そう考えると
わたしたちって、
そのものが
持つたたずまいを
気にかけてるん
だねぇ

へ〜、そうなんだ〜
すごいいっぱいあるんだね
でも、なんか、ステキ
うんうん
ママ〜
明日、図工で
割りばしがいるんだけど
二個ちょうだい
あっ
そういえば
うちのおばあちゃん
お華《はな》の先生
なんだけどね
一本の菊のことを
「一菊《イッキク》」って呼んでた
へ〜
アジサイみたいな
花のかたまりは「朶《だ》」
って言ってたな
一朶、
二朶みたいに

それが日本語
だからだよ
キッチンの下の
引き出しに入ってるよ
わたしたちは
そういう
言葉を話してるの
ね、まさみ
それぞれのものに合った
数え方を昔の人が考えて、
ずーっと大事に使ってるの
おはしを数えるときは
何個じゃなくて
何膳って言うんだよ
なんか、
カッコよくない?
そういうの
ふふ
どうして?
うーん

外国語の学習というのは、
本来、自分の種族には
理解できない概念や、
存在しない感情、知らない
世界の見方を、他の言語集団から
学ぶことなんです。

（中略）

自分が生まれてからずっと
そこに閉じこめられていた
「種族の思想」の檻《おり》の壁に
亀裂が入って、そこから味わったことのない
感触の「風」が吹き込んでくる。
そういう生成的な経験なんです。
外国語の習得というのは、
その「一陣の涼風」を経験
するためのものだと僕は思います。

『街場の文体論』
内田樹
ミシマ社

人称
こんばんは〜
みち子さんどうですか？動詞が入る文章の雰囲気つかめてきましたか？
はい！be動詞がいるか、いらないかがわかるようになりました
うれしい
これだけで、ずいぶん英語がわかったような気になっちゃう
はい
でも……
はい？
be動詞の組み合わせが実はちゃんと覚えられてないんです
組み合わせ？
Iなら「am」youなら「are」とかはわかるんですけど……

| | | 主語 | be動詞 |
|---|---|---|---|
| 一人称 | 単数 | I | am |
| | 複数 | we | are |
| 二人称 | 単数 | you | are |
| | 複数 | | |
| 三人称 | 単数 | she、he、it、Kenなど | is |
| | 複数 | they、Ken and Kumi | are |

theyが「is」なのか
「are」なのかは
カンみたいなとこ
があって……
ハハ
こういうの
ほら
ほら
あ〜
ほらBob《ボブ》 and May《メイ》 みたいに
ふたりの人が主語のときとか、
あ〜
なるほど
うんざり
しちゃって
覚えるしかないって
わかってるんだけど、
表になってるのを
見ただけで
うんざりして
そうか〜
じゃあどうするのが
いいですかねえ〜
表？
よく教科書に
でてくる

まずは、
全体をざっと
説明しますね
「一人称」というのは、
いわばひとり語りです
I（わたし）と
we（わたしたち）ですね
ひとり語りなのに
we（わたしたち）ってピンと
こないけど……
ひとりじゃない
ですよね？
「わたしたち」という
ひとかたまり
って考えます
ひとかたまり？
「わたしたちは」で
はじまる場合は
同じ意見・考え
ってことなんです
まあ、
強引なんですけどね
強引？
「わたしたち男は～」って
言い出した人の意見が
自分と違うことも
あるし……
はは
たしかに!!
それは置いといて、
の、ひとかたまりです
うんっ

とはいえ、I（わたし）と
we（わたしたち）は
同じ一人称であっても
全く同じではない
本当にひとりであるIは
一人称の「単数」
weは一人称の「複数」と
区別するんですね
なるほど
Iが主語のときの
be動詞は「am」
weのときは「are」
となるわけです
なるほど〜！
日本語で納得できると
頭に入ってくる
そうですか？
はは
で、次が二人称です
これは語りかける相手が
（あなた）と（あなたたち）
です
you（あなた）
ふんふん
それと、
you（あなたたち）
ふんふん
っていうか、
同じyouでなんで
（あなた）と
（あなたたち）
ふたつの訳に
しちゃうんだろ？

二人称はyou（あなた）と
you（あなたたち）の
ふたつです
うーん
ただし、
一人称と同じで
単数と複数の区別は
するんです
you（あなた）が単数
you（あなたたち）が
複数ですね？
そうです！
でもbe動詞は両方とも
areなんですよね〜
ムッ
って先生は
思いませんか？
うーん
I（わたし）とwe（わたしたち）
は分けているのに、
you（あなた）と
you（あなたたち）
は同じって、変ですヨ
youとyee《イエー》とかに
するべきですっ
ハハハ
Yee
おもしろいけど
yeeは勝手に
作れません
ははは

単数なら、いっそ you am
にすればいいのにね!!
ん?
はい?
でも先生、you are(あなたは)と
you are(あなたたちは)が
同じだと、
困りませんか?
会話中ならわかるけど
英文見ただけだと判断
できませんよね??
同じだもん
大丈夫です、
みち子さん
わかるんです
たとえば
「あなたは生徒です」は
「You are a student.」です
「あなたたちは生徒です」は
「You are students.」
違いわかりますか?
あっ
「あなたたち」には
studentにsが付いてます!!
「あなた」にはaですね

studentが単数か複数かで、語りかける相手が「あなた」か「あなたたち」かがわかるんですネ！
うーん、よくできてる〜
そうです そうなんです
どうですか？ 二人称、わかりましたか？
はいっ
で、最後に三人称ですが これにも 単数と複数が あります
単数はshe（彼女）とか he（彼）とかMichikoなど ひとりを指します
複数はthey（彼ら）とか Michiko and Bob（みち子とボブ）など 複数を指します
ちっとも「三人」じゃない……
え??
「三人称」って言うなら 三人にしてほしいって いうか……

え？
「you」の（あなた）と（あなたたち）を二人称でくくるくらいならいいけど
うーん、「スタート地点」って言うとわかりやすいかな～
sheもtheyも三人称っておかしくないですか??
sheは彼女ひとり、theyはたくさんですヨ
会話の元になる部分です
「三人称」の他に「大勢人称」が必要と思います！
ハハ
これが定まってないと日本語だって、会話が成立しないです
ふーん
そもそも「人称」ってなんなんですか？

たとえば
「わたしは先生です」
は、わたしが先生で
あることを
伝えていますね
これが
「わたしは先生ですか？」
になるとどうですか？
うーん、
「先生ですか？」って
人に聞くって変ですネ
はい
「あなたは先生ですか？」
だとどうですか？
それなら、会話として
おかしくないです
そうなんです！
会話のスタートが
誰なのか、何なのか
ハッキリさせないと
混乱するんです
じゃあ、もうひとつ例、
「机は移動します」
どういう意味ですか??
さあ〜
意味が通じるような
文章にしてみてください

スタート地点は、「人称」
「わたしは机を移動します」なら、変じゃないです
ボクたちは、この人称を頭の中で整理しながら会話してるんですね
そうですね、でも「あなたは机を移動します」だとおかしい
ハイ、変です
そうじゃないと、人は会話ができないんです
それじゃまるで、未来を予言《よげん》してるみたいになっちゃう！
そうですね
わたし、会話について考えたこともなかったかも
ボクもです
これが、さっきボクが言った会話の「スタート地点」なんです

社内にて ③
○○出版
ボクはその夜、「会話」について考えたのだった
そもそも会話ってなんなんだ？
人に何かを伝えたり、誰かから何かを教わったり
でも、それだけではなくて、
人は、自分自身とも会話している
何のために自分と会話するんだろ？

あれ、島田さん
直帰じゃなかったん
ですか?
あ、うん
おつかれ
おつかれさま
です
○○出版
たしかに、わたしたちって
自分とも会話してますよね
うん
頭の中で繰り返されている
自分との会話も、オレたちは
やっぱり日本語の文法に
なっている
夢の中の会話も
そうですよね
あ、そうだ
今日さ、「人称」って
何かって聞かれて一瞬、
え?と思ってさ
人称?
ほら、一人称とか二人称
とか、英語の勉強には
出てくるだろう?

なんて
答えたんですか？
会話の
スタート地点
でも、ゆっくり考えてみたら
「視点」のほうが
しっくりきたんだよね
人称＝視点？
うん
人って、他人に視点を
うばわれると不安になると
思うんだよ
どういう
意味ですか??
たとえば恋人
とのケンカ
ほら、よくケンカのときって
相手の気持ちを推測《すいそく》して
言ったりするだろ？
「キミは自分が悪くない
と思ってるんだよ!!」
とかさ
あ〜ある
ある!!
そう言われるとめちゃくちゃ
腹立つんですよね、
「勝手にわたしの気持ちを
言うな！」って

英語の勉強っていうより、
「言葉」の見直しってかんじ
ハハ
見直しというより
発見かな
へ〜
「今夜は島田さんと
飲みたい気分だわ」って
今、思ってる？
人称のすりかえは
やめてくださーい
残業でーす
ハハ
人って、自分の視点が
うばわれると、不安になって
必死で取り返そうとする
ケンカは泥沼
ハハ
誰が何を伝えようと
しているのかがブレると、
とたんに会話は
くずれてしまう
一人称なのか、二人称なのか
または三人称なのか、
視点は重要ですね
うん
でも、なんか
ん？

三人称のbe動詞
ショッピングセンター
わかる〜
わたしも
表が苦手!!
主語
be動詞
一人称
単数
I
am
複数
we
are
二人称
単数
複数
you
are
三人称
単数
she、he、
it、Kenなど
is
複数
they、
Ken and Kumi
are
「さあ、覚えましょう」
って、せまられてる
みたいで……
はは
ダジャレみたいなのだと
覚えられそうなんだけど
ここ?
「1192《いいくに》つくろう
鎌倉幕府」とか
「794《なくよ》ウグイス
平安京」とか?
そーそー
なるほどね〜
そうかも!!
はいっ
いらっしゃい
ませ〜

まずはbe動詞の
おさらいをしてみましょう
はい
一人称の単数はIです
Iのbe動詞は？
I amです
これはもうバッチリ
一人称の複数は
わたしたちでしたね？
we are
これもなじんでる
じゃ二人称！
これはyouしか
ないけど？
youにも単数と
複数がある
って話を
してたんです
ダジャレか〜
じゃあ、みち子さん
ふたりでbe動詞ダジャレ
考えましょう!!
わ〜
なんか楽しそう〜
わく
わく

単数はyou（あなた）
複数はyou（あなたたち）
どっちもbe動詞は
areです
この場合、英文では、
名詞の前に「a」を付けたり、
名詞に「s」を付けて区別
するんですよね
お〜
すごい!!
へへ
ということは、
みち子さんは
一人称と二人称のbe動詞は
覚えてるってことですよね
ハイ
問題は
三人称ですね、
な〜んか
覚えらんない
そういえば、
三人称の説明は
軽くしかしてない
ですよね？
ハイ
三人称というのは、
ここにいない人の話を
しているって思えば
いいかな〜
たとえば、今、ボクと
みち子さんのふたりが
会話してますよね
はい
「ぼくの父はタロウです」
って、みち子さんに伝えるとき、

タロウは
ここにいますか??
いません〜
ふっ
これが
三人称です
へー
ちなみに、こうなります
「My father is Taro.」
(ボクの父はタロウです)
be動詞は?
え〜っと「is」を
使ってますね
会話に出てきたタロウは
ひとりですよね、
これを三人称の単数って
分類します
ふふ
で、三人称の単数は
isという決まりです
ふんふん
じゃあ、
「ぼくの父と母は日本人です」
って、みち子さんに伝える場合、
ぼくの父と母は、もちろん
ここにいませんから
これも三人称の文章に
なります
ふんふん

he（彼）、she（彼女）、
they（彼ら）、
Michiko and Bob
（みち子とボブ）などです
ふふ
これをダジャレで覚えると
楽しいかも
しれませんね
うーん
うーん
ダジャレって、パッ
とは思い浮かばない
もんですね……
ちなみにこうなります
「My father and
mother are Japanese.」
be動詞はareを
使ってますね
三人称の複数は
areなんです
ここにいない人たちが
単数か複数かでbe動詞の
isかareかを
選ぶわけです
ここにいない人、すなわち
三人称の単数と複数の例は
前回ちらっと
お話ししましたが、

isは
単数……
単数とは
ひとり……
ひとりは is
ひとりはイズ
イズはひとり
イズ、伊豆？
伊豆にひとり
伊豆にひとり旅
伊豆ひとり旅
アハハ
くだらない!!
これ、採用しましょう!!
「伊豆ひとり旅」
うん
うん
じゃあ次はare
三人称の複数はare
are
are

areは複数……
複数とはたくさん……
areはたくさん
ん?
ね、先生、こういうのはどうですか!?
さっきの伊豆にひとり旅に出た人は、なんかイヤなことがあったんです
「あーもう、たくさんだ!!」みたいな気持ち
伊豆にひとり旅に出て気分転換するんです
あ〜、たくさん!! 伊豆ひとり旅
are たくさん
is ひとり旅

アハハ
くだらない!!
三人称のbe動詞は「あ〜たくさん！伊豆ひとり旅」
くっくっ
くっくっ
先生、わたしもう、覚えられた気がする
ホントですか！
はい、isかareか迷ったときは、「are たくさん is ひとり旅」
はい
じゃあ、問題です、「彼らはアメリカ人です」英語にすると？
「彼ら」はtheyで「彼ら」は「たくさん」を示している
「あ〜（are）たくさん伊豆（is）ひとり旅」だから
They are Americans.
正解！Americans、名詞にsも付いてますね！

じゃあ、もう一問、
「わたしの夫は背が高いです」
「わたしの夫」は
my husband
背が高いはtallです
えーっと
「わたしの夫」は
ひとりの男の人を
指しているわけで、
「伊豆ひとり旅」
ひとりはisだから
be動詞はisです
三人称の単数です!
うんうん
「My husband is tall.」
正解!!
先生、これ覚えやすい!!
「あ～、たくさん
伊豆ひとり旅」
うふふ
なに?伊豆??
ひとり旅??
ただいま
?
アハハ

they
まさみ～
もう宿題
済んだの？
あら、やってる
とこだったの？
うん、漢字の練習
どうしても「窓」って漢字が
覚えられないんだ～
覚えたって思っても
忘れちゃう
そっか～
ね、ダジャレっぽく
覚えるのどう？
ママもね、英語の勉強で
この前やったらできたんだ
ダジャレ？

まずは「窓」って漢字を
大きく書くね
窓
ね、この漢字、よーく
見てたら、カタカナの
「ハ」と「ム」が入ってない？
入ってる!!
ね、その下に「心」って
いう字もあるよね
うん
あるある
あのさ、窓の下には
ハムスターがいるの
アハハ
そのハムスターは
人間の「心」を
持ってるってどう？
魔法でハムスター
にとか？
窓の下には
ハムスターの心
アハハ
どう？
覚えられそう？
うん

なるほど、
漢字も文章にして
覚えたんですか
はい
ふふ
are たくさん
isひとり旅
あ〜、たくさん
伊豆ひとり旅
こんなことくらいなのに、
三人称の
単数と複数が
整理されました
みち子さん、実は前回、
説明しきれてなかった
ことがあるんです
え?
こんばんは!
先生、
おもしろい覚え方
ありがとう〜

theyには、(それら)という意味もあります
「it」と「they」これも三人称の単数と複数には入ってるんです
…………
あれ?でもtheyは出てきましたよね?
それ、おかしくないですか?
え?
「They are Americans.」(彼らはアメリカ人です)
ハイ
だって、「彼ら」と「それら」が同じtheyなんですよね?
その「they」ですが、「彼ら」以外の意味もあるんです
そうだっけ?

じゃあ先生は、どうやってそのことに納得してきたんですか?
人間を指す言葉と物を指す言葉が同じなんて!!
納得せずにただ、そういうもんだって覚えたんだと思います
みち子さん
はい?
ボク、今までそれに疑問を持ったことなかったですが、
わたし、なんか、ちょっとわかった
なにを?
うん、たしかにそうだ、そうとも言える

最初の頃は、ボクも、みち子さんの勉強が進まないのにとまどってたんですけど
えっ
勉強ができる人って、小さいことには立ち止まらないんですね、きっと
今は、みち子さんがどこで立ち止まるかも、おもしろくなってきました
わたしみたいにいちいち、なんで？ヘンだ？とか言ってると、どんどん遅れちゃうでしょ
ホントですか〜
ははん
ハイ
うーん、否定はできない
でも、みち子さん、この英語の勉強はだからこそどんどん立ち止まってください

じゃあ、改めて
theyですが、
さっき言ったように
theyには（彼ら）と
（それら）ふたつの
意味があります
日本語で考えると
やっぱりヘンです。
ていうか、
失礼ですヨ
たとえば、
「They are students.」
（彼らは生徒です）
って英文
（それらは生徒です）
って言ってるのと
同じですよね？
人間のことを（それら）
だなんてなんか、
ちょっと……
たしかに、
みち子さんの
おっしゃることも
わかる
そうだなあ〜
うーん

「a」がある以上、
複数形があると
覚えるといいかも
しれません
あ
あ、でも「みち子」
って名前の人は
いっぱいいますよ
みち子さん、
ちょっと思い出して
みてください
?
たとえいっぱいいても
今、ここにいる
みち子さんは
世界にたったひとりです
英語は、個数を
すごく大事にして
いるってこと
だから「a」は
いらないんですヨ
「1本のペン」って
見ればわかることでも、
英語では相手に
言いたいんです
「a pen」
って?

人と物を一緒にして
失礼とかじゃないん
ですねえ
そうです！
英語は、とにかく
一個なのか複数なのか
一人なのか
複数人なのか、
どうしても日本語的に
考えちゃうから
なかなか納得
できないけど
日本人が想像している
以上にそのことが
重要なんです
納得できたあとは
すっきりします！
はい
だから、
（彼ら）と（それら）
の区別よりも、
（彼ら）と（それら）は
複数だから、同じグループ
って考えるんです
へ〜
theyの箱には人、
物、関係なく、
いろんな「複数」が
入っている

theyに入るものの例をあげてみましょう
はい
えーっと、人間なら、「彼ら」「彼女たち」「生徒たち」「子供たち」
「国会議員」「客室乗務員」「看護師」
「販売員」も！
「おじさんたち」「おばさんたち」みたいなものも入りますネ
先生……
はい？
今、わたしを見て「おばさんたち」が浮かんだのでは!?
いやいや
人間以外のtheyもめちゃくちゃありますね
複数の物ってことは、複数のリンゴとか複数のスプーンとか

これは、数えられるものとして、「a」や「s」が付きましたよね？
世界の国々とかもtheyの中に入りますね
あ、そうか
みち子さん、すごくいい質問ですね！
どうですか？三人称の複数がなんとなくつかめましたか？
はい
山や川や島や湖もtheyと表現できます
ん？
みち子さん、「その湖の集まりは美しい」英語にしてみてください
山や川や島や湖もtheyでいいんですか？

湖の集まりって??
たとえばいくつかの湖が集まっているような観光地です
余談ですが、ボクのふるさとの福井県には「三方五湖《みかたごこ》」っていう名所があるんです
ドライブコースなんですけど5つの湖があって本当に美しいんですヨ
いいな〜
「その湖の集まりは美しい」英語にすると?
「その湖」はThe lakeだけど、複数あるからThe lakes
使うbe動詞は?
are たくさん
is ひとり旅
「The lakes are beautiful.」
おみごと!
今、ボクとみち子さんは、ここにいないもの(湖)の話をしていますね
はい

ね、先生、この場合、theyってどういうとき使うんですか?
ボクはみち子さんに自分のふるさとの「三方五湖」の話をしていますよね
はい
ふたりとも共通の湖を話題にしているのをわかっている場合
ということは、三人称の会話ですね
日本語でもいちいち全部言わないで「その湖きれいなんだよ」って略しますよね?
はい
複数の湖の話をしているから?
三人称の複数です
そんな時、英語ではまとめてtheyって使うことができるんです theのときと同じです
「They are beautiful.」(それらは美しい)
なるほど

ちなみに、theyは三人称複数ですが、単数になるとitを使います
ここで重要なのは、日本語にまどわされないことです
え？
先生がひとつの湖の話をしている場合ですね？
「その湖はきれいです」
日本語だと、湖がひとつでも、五つの湖の集まりでも「その湖はきれいです」で通じるけど
「It is beautiful.」（それは美しい）
英語は、個数をすごく大事にしているからそれらじゃないと伝わらないんです
そうか〜
正解!!今日はここまでにしましょう
ホントに数が重要なんですね、英語って
はい！

「ひとりの子供」は
どうなんですか?
みち子さん、そのひとりの
子供が、男の子か女の子かは
会話ではわかりますよね
え?
「子供が歩いています」
これを英語に
すると、
「A child is walking.」
となるんですが、
ふむふむ
と、思ったけど
あとひとつ!
はい?
話は少し戻って、
三人称の単数
なんですが……
人物の場合は、
最終的には、heかsheの
どちらかに分けられる
ってわかりますか?
はて?
ひとりのおじさんは
heだし、
ひとりの
おばあさんはshe

その後の会話として
「It is Masami.」
（それはまさみです）
とはなりません
「She is Masami.」
（彼女はまさみです）と
sheを使うんです
ってことは～
heかsheにならない
三人称単数は
全部itってこと？
そのとおり!!!
おっ
?
太陽や、月や、
地球や、日本などは
itに置き
かえるんです
「The sun is very big.」
（太陽はとても大きい）
「It is beautiful.」
（それは美しい）
itの使い方、正解！
じゃ、ホントに今日は
ここまで！
はい！

社内にて④
○○出版
おはようございます
おはよ
英語の本の企画は進んでますか?
うーん
実は、まだ疑問文も否定文も過去形にも進んでない
はは
えっ!?まだ?
なんでそんなに時間かかってるんですか?
なんで時間かけちゃダメなのかな?
パタン

わかり方って、人それぞれだし
大人になってからの勉強は
ゆっくりでいいのかなと
思うように
なったかも
って、最近は思うよう
になってきたんだよね
え?
あと、おもしろく
なってきたんだよね
何がですか?
たしかに、
はじめはなんで
こんなに時間かかるん
だろって、
勉強のひっかかり方にも
その人の生き方が
見えてくるんだ
正直イライラすることも
あったんだけど……
はは
生き方ですか??
うん
でも、
「わかりたくない」と思って
勉強する人って
いないわけじゃん?

みち子さんが引っかかったのは
「彼ら」と「それら」が
同じだと、「彼ら」に
失礼だって言うんだ
たとえば「they」
they？
たしかに日本語の考え方
だとそうともいえる
みち子さんは、theyに
「彼ら」と「それら」の
ふたつの意味が
あることに
引っかかった
そういうとこに
引っかかっちゃう
のか〜
覚えれば済むだけの
ことなのに？
ボクもそう思った
そう、そういうとこ。
そういうとこなんだけど、
本当はそういうとこじゃ
ないんだと思う
でも違うんだよ、
みち子さんだって覚えれば
済むことくらい
知ってるんだ

みち子さんの引っかかりは、もっとその先にあって、
人を物のように呼んでなんとも思わないはずがない、
ことばが違ったって、人間は人を物とは思わない、
そう信じてるから、簡単に納得できないんじゃないかって思うんだ
英語には英語なりの理由があるはずで、
それを確認しないままだと、英語を話す人たちを誤解したままになるって考えてるのかも
へ〜
うーん、なるほど そりゃ時間かかりますね
うん
ね、この話、もう少し聞きたい。夜、飲みに行きませんか?
ごめん今日、家庭教師

英語入門前
ショッピングセンター
くつ下
いらっしゃいませ～
くつ下
ん？
くつ下って英語で
ソックスって言うよね
ソックスってことは
最初から「s」が付いてる
ってことだよね？
お昼行こ
うん
ショッピングセンター

ホントだ、ソックスって
一足でも「s」が
付いてるね
でしょ？
もぐ
「s」が付くってことは
単数もあるってこと
だし……
あっ、もしかして「ソックス」
が単数で「ソックスズ」
っていう複数が
あるのかも？
ソックスズ？
うーん
聞いたことないけど……
こんばんは〜
残念ながら
sockss（ソックスズ）は、
ありません
やっぱり

「私はくつ下を持っています」英語にすると「I have socks.」となります
英語では、一足のくつ下は左右ひとつずつ、すなわち複数と考えるんです
へへ
つくづく、感心しちゃうな〜本当に数に対して敏感なんですね〜
ってことは、片方のくつ下をsock（ソック）って言うんですか？
そのとおり！
ホントに単数形があるんだ〜
あっ、そうだ みち子さん、ドーナツにも実は単数形があるんですよ！
日本語だと、一個でも10個でも「ドーナツ」だけど、英語のdonuts（ドーナツ）は複数形なんです
えっ
単数形だとdonut（ドーナット）です
はじめて聞きました

日本では、「ドーナツ」っていうお菓子の名前として通っちゃってるけど、
本当の名前は「donut《ドーナット》」
ん? ってことは……
アメリカでドーナツを一個だけお店で欲しいとき……
「I want a donuts.」って言ったら、お店の人は一個なのか、複数なのか混乱するかもしれません
うわ〜
正しい英語は「I want a donut.」(私はドーナツを一個欲しい)となります
じゃあ、みち子さん ドーナツを二個欲しいときは?
「I want two donuts.」
正解!!
あ、みち子さん、念のため「くつ下」でも例題いきましょう

「私はくつ下を持っています。それは清潔です」
英文にしてください
持つは「have」
清潔は「clean《クリーン》」です
くつ下は１足でも
複数だから、
「I have socks.」
（私はくつ下を持っている）
「それは清潔です」は
日本語的な言い方で、英語だと
「それらは清潔です」
になるから、
うんうん
三人称の複数という考え方で、
theyを使います
複数のときのbe動詞は
「are」だから
「are たくさん
is ひとり旅」
「They are clean.」
（それらは清潔です）
おみごと！
やった!!

みち子さん、
そんなこと、ありません！
みち子さん、
はい？
ノートをゆっくり
読みかえしてみてください
一歩前にふみ出してますヨ、
確実に
今日は、
ご報告が
あるんです
はじめる前と、
今では同じ場所には
立ってないと思います
実は社内異動があって、
ボク、雑誌編集部に
行くことに
なったんですよ
疑問文とか否定文、
過去形とかには
たどりついては
いないけど、
そんな〜
わたし、
まだ全然
英語わかって
ません……

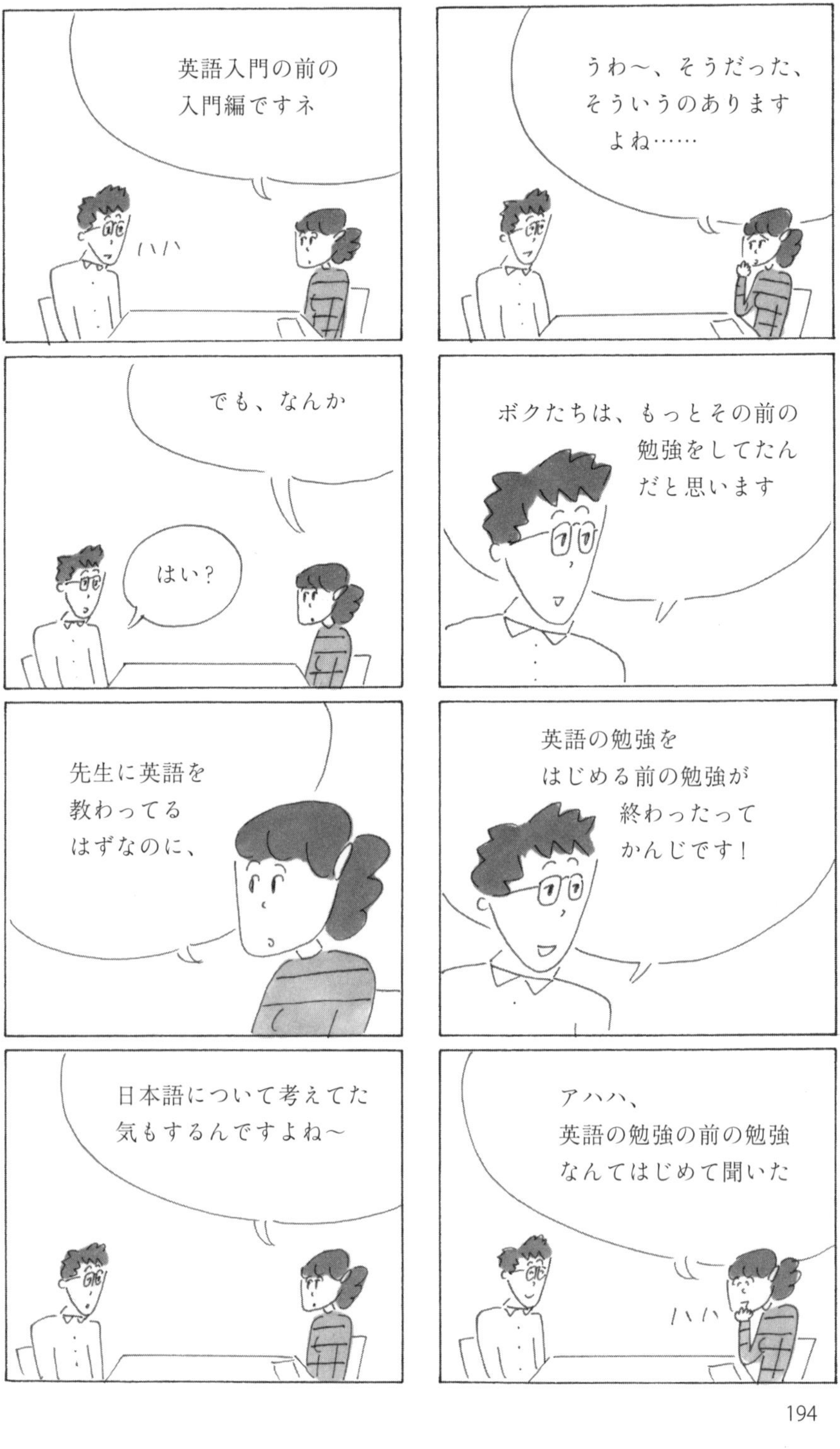
英語入門の前の
入門編ですネ
ハハ
うわ〜、そうだった、
そういうのあります
よね……
でも、なんか
はい？
ボクたちは、もっとその前の
勉強をしてたん
だと思います
先生に英語を
教わってる
はずなのに、
英語の勉強を
はじめる前の勉強が
終わったって
かんじです！
日本語について考えてた
気もするんですよね〜
アハハ、
英語の勉強の前の勉強
なんてはじめて聞いた
ハハ

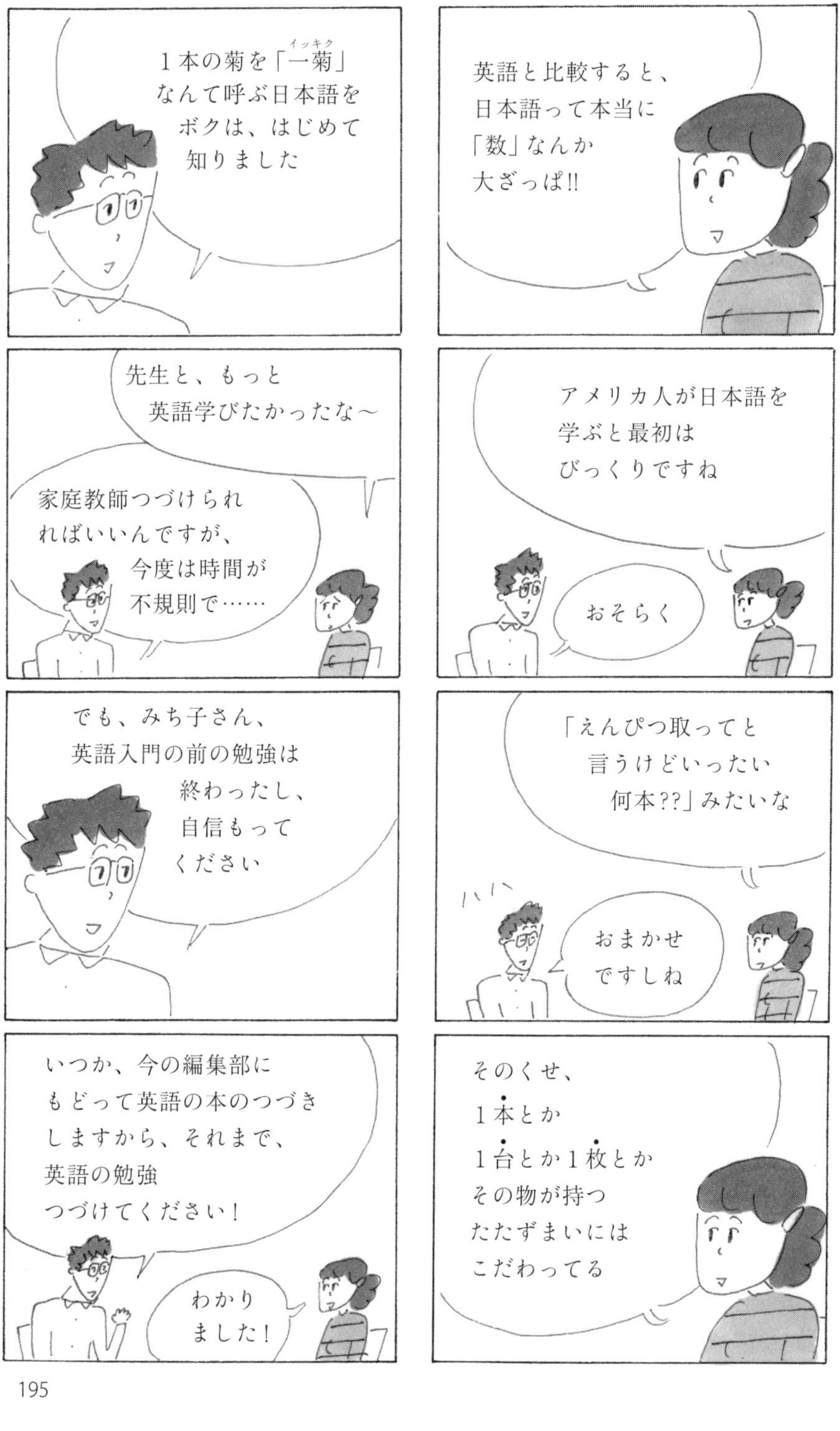
英語と比較すると、日本語って本当に「数」なんか大ざっぱ!!
アメリカ人が日本語を学ぶと最初はびっくりですね
おそらく
「えんぴつ取ってと言うけどいったい何本??」みたいな
ハハ
おまかせですしね
そのくせ、1本とか1台とか1枚とかその物が持つたたずまいにはこだわってる
1本の菊を「一菊《イッキク》」なんて呼ぶ日本語をボクは、はじめて知りました
先生と、もっと英語学びたかったな〜
家庭教師つづけられればいいんですが、今度は時間が不規則で……
でも、みち子さん、英語入門の前の勉強は終わったし、自信もってください
いつか、今の編集部にもどって英語の本のつづきしますから、それまで、英語の勉強つづけてください!
わかりました!

と、いうわけで、先生とのレッスンは今日でおしまいなのよ～
ママ、残念だね～
うん……
でも、少しずつつづけるつもり！英語の勉強
入門の前の入門は終わったって、先生も言ってたし！
ふーん
あと、いろんな発見もあったしね
ママ、発見って??
うーん、それはいつか英語入門の前に読む入門書ができたらわかるヨ
ふーん

ショッピングセンター
レジ
ありがとうございました
レジ
40歳を機に
「英語」を
習いはじめて
というか
「英語をはじめる前」
の「英語」をはじめて、
ほんのちょっとだけ
日常が広くなった
気がしています
いらっしゃいませ〜
学ぶということ
わかるということ
たとえ、ささやかな
発見であっても、
それはなかったこと
にはならず、

ありがとうございました
ロウソクに灯《とも》った炎のように明るく、あたたかでうれしいものでした
っていうか、まだまだ、とうてい英語で話すレベルじゃないけど……
それにしても、英語の単数か複数かのこだわりっておもしろいよな〜
すみません、手書きの領収書にしていただけますか？
レジ
名前はこの漢字でおねがいします
かしこまりました
あっ!!「青山みち子」わたしと同じ名前!!
でも、わたしたちはお互い「a」も「s」も付かない
ありがとうございました
唯一の青山みち子!!

日々の暮らしの中で、
幸せではなく、
うれしさならあると思う。

特別番外編
泣き虫を英語にすると？
ね、サクちゃん
「泣き虫」って英語でなんて言うと思う？
さあなんだろ、なに？
「crybaby《クライベイビー》」って言うんだって!! かわいくない？
へ～
チエ子は泣き虫だから、Chieko is a crybaby.
はは
Chieko is my crybaby. でしょ!!
「泣き虫チエ子さん」
チエ子さんとサクちゃん、夫婦ふたりのほっこり幸せな日々
①②大好評発売中!!
最新③巻2014年3月25日発売予定!（集英社刊）

益田ミリ　ますだ・みり
一九六九年大阪府生まれ。イラストレーター。主な著書に、『ほしいものはなんですか?』『そう書いてあった』『今日の人生』『しあわせしりとり』『今日の人生2 世界がどんなに変わっても』(以上、ミシマ社)、『すーちゃん』シリーズ(幻冬舎)、『スナックキズツキ』(マガジンハウス)など。共著に、絵本『はやくはやくっていわないで』『だいじなだいじなぼくのはこ』『ネコリンピック』『わたしのじてんしゃ』、2コマ漫画『今日のガッちゃん』(以上、平澤一平・絵、ミシマ社)などがある。

# みちこさん英語をやりなおす

## am・is・areでつまずいたあなたへ

二〇一四年二月四日　初版第一刷発行
二〇二三年二月二十五日　初版第八刷発行

著者　益田ミリ
発行者　三島邦弘
発行所　(株)ミシマ社
郵便番号一五二-〇〇三五
東京都目黒区自由が丘二-六-一三
電話〇三(三七二四)五六一六
FAX〇三(三七二四)五六一八
e-mail hatena@mishimasha.com
URL http://www.mishimasha.com/
振替 〇〇一六〇-一-三七二九七六

印刷・製本　(株)シナノ
組版　(有)エヴリ・シンク
ブックデザイン　鈴木成一デザイン室


ISBN978-4-903908-50-2